中国、香港、台湾におけるリベラリズムの系譜

Nakamura Motoya
中村元哉

有志舎

中国、香港、台湾におけるリベラリズムの系譜
● 目　次 ●

はじめに――中国、香港、台湾のリベラリズムとは?　1
　「民主か独裁か」だけなのか?／香港の雨傘運動／近現代中国と現代香港／リベラリズムと近現代中国／中国におけるリベラリズムの受容と厳復／中国におけるリベラリズムの定着と胡適／近現代中国と混沌とするリベラリズム／近現代中国におけるリベラリズムとその実践／中国、香港、台湾のリベラリズム／民国期のリベラリズムと憲政／民国期のリベラリズムと中台分断／民国期のリベラリズムと冷戦下の香港／中国におけるリベラリズムの二面性――反共と容共のリベラリズム／本書のねらいと構成

第1部　中国、香港、台湾のリベラリスト

第1章　批判の自由を求めて――儲安平　34

第1節　ジャーナリストとしての儲安平　34
　国民党とイギリスと文学／『客観』の創刊
第2節　民国期のリベラリズムを代表する政論誌『観察』　38
　戦勝国としての中国／『観察』知識人の多様性と共通性／『観察』のリベラリズム／儲安平のリベラリズムと権力批判
第3節　中台分断のなかの民国期のリベラリズム　45
　人民共和国の成立と『観察』知識人／伏流する民国期のリベラリズム／民国期のリベラリズムの再浮上と再伏流／社会主義民主論と民国期のリベラリズム

第2章　自由と統制の均衡を求めて――銭端升　54

第1節　法学者としての銭端升　54
　権力内部の法学者／戦時下の「自由と統一」論
第2節　民国期のリベラリズムと法学の再編　60
　民国期における純粋法学の受容／『観察』知識人と純粋法学／人民共和国の成立と中国法学の再編／新民主主義段階における法学者の苦悩
第3節　人民民主独裁下の民国期のリベラリズム　65
　銭端升の新民主主義論と「民主集中」制論／再び「自由と統一」を論ず／批判の自由／「右派」法学者

第3章　憲政の制度化を求めて——張君勱　73

第1節　現代儒家、立憲主義者としての張君勱　73
現代儒家として／立憲主義者として／憲法と憲政をめぐって

第2節　海外留学経験と憲政論の特質　76
日本経験とドイツ経験／ワイマール憲法に対する評価／個人と社会と国家

第3節　日中戦争期の憲政運動　80
行政権と立法権に対する理解の変化／公共空間の拡大／世界の人権論に対する認識

第4節　中華民国憲法の生みの親　83
政治協商会議の憲法修正原則／中華民国憲法の立法権と行政権／中華民国憲法の議院内閣制／中華民国憲法の司法権と地方制度／張君勱と中華民国憲法

第5節　香港思想界に対する影響力　90
張君勱の政治思想の特質と香港／香港の儒教思想とリベラリズム／徳治と法治

第4章　憲法による人権の保障を求めて——張知本　95

第1節　憲法学者としての張知本　95
政治思想の特質／反蔣介石の憲法学者／国家主義、民主主義、立憲主義の調和

第2節　各国の憲政に対する評価と人権論——1930年代　101
憲政からみた世界のなかの民国／1930年代の中国と世界の憲政潮流／直接保障主義論とソ連観、ドイツ観、アメリカ観／権力分立論と各国憲政観

第3節　各国の憲政潮流に対する認識と人権論　108
　　　　　——1940年代〜1950年代
1940年代の中国と世界の憲政潮流／張知本の憲法論とドイツ観、ソ連観、日本観の変容／民国の渡台前後における五権分立論と直接保障主義論／中華民国憲法と日本国憲法／台湾における憲法論

第 2 部　中国、香港、台湾における連鎖

第 5 章　文化論としてのリベラリズム——殷海光　120

第 1 節　伝統中国と近代西洋の間を揺れ動く反権力者としての殷海光　120
権力外部のリベラリストから権力内部の反リベラリストへ／権力外部のリベラリストへの回帰／文化観の変遷

第 2 節　近代化をめぐる文化論争——1930 年代〜1940 年代　123
中国的近代化と西洋的近代化をめぐる文化論争／憲政をめぐる文化論争／伝統中国と近代西洋の結合

第 3 節　民国の台湾への撤退と自由観、文化観の変化　128
　　　　——1940 年代後半〜1950 年代
民国期のリベラリズムに接近する殷海光／民国期のリベラリズムを牽引する殷海光／五四精神を称揚する殷海光

第 4 節　台湾における文化論争と改革論——1960 年代　134
全面的近代西洋化論への懐疑／1960 年代の文化論争と『中国文化の展望』／リベラリストの文化融合論

第 6 章　日中戦争下の容共リベラリズム——広西、雲南から香港へ　140

第 1 節　広西と雲南における自由な空間　140
中国の南方と「大後方」を結ぶ文化都市桂林／国民党広西派と共産党／独立自主の文化都市昆明／龍雲統治下の雲南と共産党

第 2 節　桂林と昆明における民国期のリベラリズム　148
戦時下の桂林における特殊性／リベラルな政論誌の賑わい——『今日評論』から『民主週刊』まで／憲政運動と民盟

第 3 節　雲南における信教の自由と共産党　154
少数民族地域としての「大後方」雲南／仏教圏としての雲南／雲南の仏教と実力者と共産党

第 7 章　米ソ冷戦下の反共リベラリズム——香港と台湾　161
第 1 節　台北における民国期のリベラリズムの系譜——『自由中国』　161
民国期のリベラリズムの本流としての『自由中国』／胡適と雷震と殷海光

／国民党政権の独裁化と『自由中国』の反発／表現の自由をめぐって／反共反国のリベラリズムへの転換――『自由中国』事件

第2節　香港における民国期のリベラリズムの系譜　　170
　　　　　　――『自由陣線』と『聯合評論』
民国期のリベラリズムの新しい拠点形成をめざして／漂流する民国期のリベラリズムと『自由陣線』／反ソ反共と反米反国のリベラリズム／国民党政権と対峙する『聯合評論』

第3節　現代儒家のリベラリズム――徐復観　　177
軍人から現代儒家へ／現代儒家の反共リベラリズム／『民主評論』と『自由中国』の攻防

第4節　リベラリズムをめぐる香港と台湾の対立　　183
香港を警戒する国民党政権／国民党政権の危機感／国民党政権と『聯合評論』

第8章　反右派闘争から文化大革命までのリベラリズム　　189

第1節　厳冬期における中国のリベラリズム　　189
法の継承性をめぐる論争／停滞する翻訳作業

第2節　1960年代前半の調整期と中国のリベラリズム　　193
調整期の知識人政策／1962年の特殊性と中国におけるリベラリズムの再胎動

第3節　共産党政権におけるリベラリズムの灯火　　196
顧準という政権内部のリベラリスト／反右派闘争から文革までのある1つの思想営為／文革期の反一元論

おわりに――蘇る中国、香港、台湾のリベラリズム　　203
停滞する民国期のリベラリズム／中国、香港、台湾におけるリベラリズムの新たな息吹／「言論の自由を論ず」／香港、台湾から中国への逆流／中国における体制内部のリベラリズム／「民主か独裁か」の奥側にあるもの

注　　記　　223
特設解説　　228
主要参考史資料・文献一覧　　237
あとがき　　245
人名索引　　248

地　図
○印は主要都市を示す．

本書に登場する主要人物

1　儲安平（1909〜1966年？）

2　銭端升（1900〜1990年）

3　張君勱（1887〜1969年）

4　張知本（1888〜1976年）

5 殷海光（1919～1969年）

6 左舜生（1893～1969年）

7 雷 震（1897～1979年）

8 顧 準（1915～1974年）

〈凡例〉

・原則として、現代仮名遣い、常用漢字を用いた。ただし、一部の固有名詞については、その限りではない。

・最新の学説や解釈をもとにした箇所を中心に、参考文献の著者名と発行年を本文に（　）で記した。

・中国語の史料を根拠とした場合、史料名を日本語に訳したが、檔案（行政文書）については、中国語の史料名をそのまま記した。また、雑誌の第△期や第△号は、便宜的に第△期で統一した。根拠とした史料の発表日は、第○巻第△期と記せば、その日付を特定できる場合には、年月までを表記するにとどめた。

・中国語の原語は「　」で括った。

・訳文を補った場合、もしくは大意を要約した場合には〔　〕で示した。また、参考文献から訳文を引用した際に、一部を改訳した場合がある。

〈略称〉

・清朝末期→清末
・中華民国→民国
・中華人民共和国→人民共和国
・中国国民党→国民党
　　中国国民党第○回全国代表大会→国民党○回大会
　　中国国民党第○期中央委員会第△回全体会議→国民党○期△中全会
・中国共産党→共産党
　　中国共産党第○回全国代表大会→共産党○回大会
　　中国共産党第○期中央委員会第△回全体会議→共産党○期△中全会
・中国民主同盟→民盟
・中国青年党→青年党
・中国国家社会党→国家社会党
・中国民主社会党→民社党
・文化大革命→文革

はじめに
――中国、香港、台湾のリベラリズムとは？

「民主か独裁か」だけなのか？

 日本の中国報道も、日本の多くの人々が抱く現代中国のイメージも、依然として平板なように思われる。それは、大まかにいってしまえば、「21世紀の今日、世界は民主政治へと向かうはずなのに、中国は相変わらず独裁政治を維持しようとしている。しかも、海洋に進出して覇権を握ろうとしている。だから興味をもてないし、むしろ、恐ろしささえ感じる」というものではないだろうか。

 確かに、このような理解は、あながち的外れではない。しかし、ここで問題なのは、「民主か独裁か」という基準だけで現代中国を判断して、「だから中国は、日本とは相容れない、得体の知れない国である」と認識し、それ以上に中国を深く知ろうとしないことである。隣国の中国にとって、日本の存在感は日本人が想像するほど増していないにもかかわらず、それでも中国は、かつてと比較すれば、日本を詳しく知ろうとしてくれている。そのような時代にあって、日本が中国に対する思考を停止させていいはずがない。「民主か独裁か」の奥底には、何か別の苦悩が中国には隠されていて、その苦悩が日本や世界とも共通する、ということはないのだろうか。

 とにもかくにも、まずは、現代中国の情勢とそこまでに至る20世紀中国のあゆみについて簡潔に振り返っておこう。本書の巻末に、特設解説「近現代中国の政治史」、「近現代中国の憲法史」、「近現

代中国の主な政治党派」を用意したので、これらをまず御確認の上、本書を読みすすめて下されば幸いである。

　現代中国は、2012年に胡錦濤体制から習近平体制へと移行した。2012年から2017年の第1期習近平体制は、共産党内の権力闘争とそれへの対応ともみられる腐敗防止に取り組みながら、高度経済成長時代から中成長時代への軟着陸を試み、2017年からの第2期体制へとすすんだ。

　この間、中国では人権派弁護士が逮捕され、発禁本を取り扱う香港の書店経営者も中国で拘束されていたことが明らかとなった。2010年にノーベル平和賞を受賞した民主派知識人 劉　暁波が獄中で重篤な病気を患い、2017年にこの世を去った。まさに、「民主」に逆行するような政治の動きが多発し、それらは日本や欧米の各国メディアでもさかんに報じられた。

　と同時に、こうした不穏な政治現象の出現に比例するかのように、党、政府、軍のすべての権力を掌握する習近平総書記は、共産党中央国家安全委員会を2014年に新設して安全保障や国内の治安対策の強化をすすめ、かつてないほどに権力の一極集中化を図っているとされる。同年には反スパイ法(「反間諜法」)を施行して、翌2015年には国家安全法も制定した。国家安全法の第1条には、「人民民主独裁(「人民民主専政」)政権と中国の特色ある社会主義制度」を維持するために、と記されている。ここでいう人民民主独裁とはプロレタリア独裁を意味し、簡潔にいってしまえば、統治階級の人民に対しては「民主」的ルールを適用するが、人民の敵対勢力に対しては「独裁」の姿勢で臨む、ということである。このような一連の政治過程を素直にうけとめれば、日本や欧米の各国メディアがいうように、「独裁」の側面が強化されているようにも思われる。

つまり、現代中国の政治情勢を分かりやすく解説しようとすれば、「民主か独裁か」という切り口は一定の説得力をもっている。1931年の満洲事変勃発から1937年の日中戦争開始までの間、中国では「民主・独裁」論争が繰り広げられていたが、この「民主・独裁」論争が約80年の時を経て現在に示唆を与えているのではないか、と勘ぐりたくなってしまう。この時の論争では、ファシズムと戦争の時代において、専制政治を時限的に容認するのか、それとも、ファシズムに対抗しながら国家と社会の統合を戦時下で円滑にすすめるために、国民主権の民主政治を重視するのかが争われた。

香港の雨傘運動

　しかし、「民主か独裁か」という切り口だけで現代中国を読み解けるわけではない。その一例として、2014年に香港で起きた雨傘運動をとりあげてみよう。

　主に新界と九龍半島と香港島からなる香港は、1997年にイギリスから中国へと返還され、50年という時限付きではあるが、「一国二制度」の下で高度な自治を認められている。その香港で、学生たちを中心とする香港の人々は、自らの行政長官をすべての人々に開かれた普通選挙によって選出できるように、中国に対して要求した。当時、香港大学で研修の機会を得ていた私は、その熱気を日々肌で感じ取ることができた。

　香港の行政長官は間接選挙で選出されてきたが、その普通選挙の方法が2014年に最終決定され、2017年から実施されることになっていた。香港の人々からすれば、文字どおりの普通選挙が期待されていた。ところが、2014年は、中国で社会主義体制下の民主化をめぐって発生した1989年6月4日の第2次天安門事件（「六四」）から25周

年目の節目の年だったことから、普通選挙の実施方法をめぐって中国と香港が激しく対立することになった。もともと中国からの政治介入に敏感になっていた香港では、「六四」を追悼するデモや集会が例年以上に盛り上がりをみせ、約80万もの人々が行政長官の選出方法を検討する模擬投票に参加して、「真の普通選挙」と「真の民主政治」の実現を訴えた。しかし、それにもかかわらず、中国は、香港の民主派が立候補できる道を事実上制限した。そのため、香港の学生らは猛反発し、催涙弾から身を守る雨傘を手に取りながら、権力者に立ち向かったのだった。これが、いわゆる雨傘運動だった。

以上のように雨傘運動へと至る過程を整理すれば、確かにこの運動も「民主」の香港 vs「独裁」の中国という構図のなかに収まることになる。

しかし、この雨傘運動の背景と実態は、想像以上に複雑だった。その詳細は「香港「雨傘革命」見聞記」(『世界』第863期、2014年)でも紹介したとおりである。つまり、香港内部に潜む政治的経済的特権をどのように打破すればいいのかという課題と同時に、中国との経済関係を縮小した場合、香港は本当に自立して自由を謳歌できるのか、あるいは、「今日の香港は明日の台湾」というメッセージに象徴されるように、ひまわり運動[*1]の熱気が冷めやらぬ台湾と危機感を共有しながらも、台湾とのバランスをどのようにとることが香港の自由の維持にとってベストなのか、といった課題も一気に浮上した。そうして、「真の民主政治」を追求することだけが国際都市香港の正しい選択肢なのか、そもそも国際都市香港のすすむべき道は中国、香港、台湾というトライアングル関係のなかでどのように模索されるべきなのか、が意識されるようになった。まさに、自由と権力をめぐる近代リベラリズムの苦悩が、中国、香港、台湾

の関係性のなかで問われたのである。ある人たちは、依然として自由と権力を対置することを絶対視して中国の干渉を拒否すべきだとし、さらに、その一部の人たちは、香港の自治を守るべく、香港民族論なるものを明確に主張し始めた（倉田徹ほか 2015；倉田徹 2017）。しかし他方で、中国という強大な権力に積極的に関与しながら香港の安定を図ることで、香港の自由を実質的に維持できると考える人たちも現れた。

　要するに、こういうことである。香港の雨傘運動は、「民主か独裁か」の次元にとどまるものではなく、近代リベラリズムの苦悩を、運動の参加者の主体的意識とは別に、図らずも浮き彫りにしたわけである。しかも、それを、中国と香港と台湾のトライアングル関係のなかで浮き彫りにしたわけである【図1】。

　雨傘運動における香港の民主化論と、その裏側にあるナショナリズム論ないしはアイデンティティ論は、1990年代以降の台湾の民主化と台湾アイデンティティの高揚とも不可分の関係にある。中国

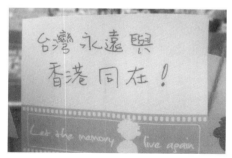

図1　香港の政府前に貼られた雨傘運動を支持する多種多様なメッセージと台湾から寄せられた応援メッセージ（筆者撮影／2014年10月12日・26日）

からすれば、香港が民主化して台湾と同じように独自色を強く押し出すような事態は、自民族の統一を維持するという他国でもおなじみの論理にもとづけば、当然に避けなければならない。香港からすれば、民主化の要求は、共産党の腐敗を防止し、普遍的な価値と社会的な公平を達成する、いわば「一国二制度」下における愛国的な行動であり、もし北京や香港の政治リーダーがそれを抑圧し続けるならば、香港社会は反中親台へと動くかもしれない。そうなれば、台湾では「一国二制度」に対する不信感が広まり、中台関係は不安定なものになる。そうして中台関係が不安定化すれば、民国の大陸への復帰（大陸反攻）という政治目標を歴史的に掲げてきた国民党は、大陸反攻が現実的かどうかにかかわらず、自らの支持基盤を台湾でますます弱めることになりかねず、かたや台湾の独立を後押しする民主進歩党（民進党）は、ますます勢力を拡大することになる。もちろん、こうした台湾の政治情勢は、中国からすれば、是が非でも回避しなければならない。つまり、中国からすれば、香港の民主化も香港に対する独裁化も、いずれも最善の策ではないわけである。だからこそ、そうしたジレンマを見透かした香港社会は、中国という強大な権力との距離を見定めながら、自由のために権力に抵抗するのか、それとも、強大な権力を有しながらも中台関係でジレンマを抱える中国に対して積極的に関与しながら自由を最大限に引き出そうとするのかを実践的に思考しているわけである。

　それでは、私たちは、雨傘運動の背後に広がっていた中国と香港と台湾のトライアングル関係と、そのなかで実践的に問われた近代リベラリズムのあり方を理解する際に、直近の数十年間の動きだけに注目すれば十分なのであろうか。「そうではない」というのが本書の立場である。

近現代中国と現代香港

　雨傘運動へと至った政治的思想的背景は、1990年代以前の香港史からも観察できる。いわば、雨傘運動は香港の歴史性のなかでも形成されてきた、と考えられる。

　たとえば、香港にも1919年の五四運動[*2]の精神性は息づいている（陳学然 2014）。つまり、おもに20世紀以降に中国、香港、台湾に広がった近現代中国のリベラリズムは近代西洋に接触した清末に芽吹き、「民主と科学」をスローガンにして近代西洋化を図ろうとした新文化運動によってますます盛んになるなかで、新文化運動の自由、平等、個性の解放、さらには人道主義といった五四運動の精神性が香港にも受け継がれた、ということである。雨傘運動の中心組織の1つだった学民思潮は、五四精神を意識して自らを「思潮」と命名した、ともいわれている。したがって、20世紀前半の中国（民国）におけるリベラリズム――以下、民国期のリベラリズムと呼ぶ――は、1949年に国民党を中心とする台湾（民国）と共産党によって指導される中国（人民共和国）とに分断された後、イギリス統治下に残り続けた香港にも注ぎ込まれ、その後も中国や台湾と思想上の協調と対立を繰り返しながら、自由、人権、民主、憲政を基調とする香港の政治思想を現在の段階へと引き上げていくことになった。

　この20世紀前半と現在とをつなぐ具体例が、1950年代から1960年代にかけて『自由陣線』や『聯合評論』で展開された反共のリベラリズムだった。

　確かに、冷戦下の香港のリベラリズムは、それまでの民国期のリベラリズムの系譜に位置づけられるとはいえ、順調に発展できたわ

けではなかった。たとえば、1967年の反英抗争(「六七暴動」「反英抗暴」)では、香港社会はリベラリズムのイギリスに対して不満を爆発させ、中国で前年(1966年)に発動されたばかりの文革に共鳴して中華ナショナリズムを強調したり、あるいは、それとは正反対に、香港の独自性を追求したりするようになった。しかし、それでも香港のリベラリズムは、こうした沈滞や分裂の時期を乗り越えて、1970年代後半から復調していった。

リベラリズムと近現代中国

それでは、そもそもリベラリズムと近現代中国はどのような関係にあるのだろうか。

リベラリズム(Liberalism)という概念は、もともと多義的である。というのも、その核心をなすリベラル(liberal)という概念が曖昧である上に、リバティ(liberty)という概念も融通無碍だからである。さらには、リバティとフリーダム(freedom)の類義語の違いも、不鮮明だからである。リベラリズムの本場であるヨーロッパにおいてさえも、リベラリズムは、時代や言語、文化によって極めて多様かつ多義的な概念だと理解されており、それぞれの時代ないしは言語に注目したとしても、その意味を簡潔に述べることは困難だ、とされている。

だからこそ、リベラリズムおよびその訳語としての自由主義は、その他のあらゆるイズムないしは主義とは、明確に線引きできないことになる。たとえば、19世紀末からのリベラリズムは幾つかの方向に分化し、その一部は保守主義と合流し、また別の一部は、マルクス主義と非マルクス主義に分化した社会主義のうち、非マルクス主義の社会主義と融合していった。あるいは、多元的な価値を容

認するものとしてのリベラリズムは、世界各地のそれぞれの状況によって、国家主義や民族主義と訳されるナショナリズムとも親和性を増す場合もあった。

 しかし、リベラリズムが真に厄介なのは、他のイズムとの相関関係において、リベラリズムとしか形容できない政治思想が確かに存在することである。したがって、リベラリズムの定義が本場のヨーロッパでさえ困難であるとはいえ、世界の研究者たちは何とかしてそれを定義しようとしてきたのだった。それらの定義のうち、どれが優れているのかを判断することは、リベラリズム研究の専門家ではない私にはできないが、どれが近現代中国のリベラリズムを整理する際に有効かは判断できる。

 私が中国研究者として最低限に果たさなければならないことは、近現代中国のリベラリズムを整理するにあたり、古代から現代までの西洋でリベラリズムがどのように変容したのかを、まずもって提示する、ということである。なぜなら、そうできてこそ初めて、近現代中国のリベラリズムの普遍性と特殊性――それは西洋のリベラリズムからすれば到底リベラリズムとは呼べないような言説や運動といった現象を含む――が解き明かされ、さらには、そのうちの一部の特殊性が実は他地域でも共通する性質を帯びているかもしれないということが逆照射されるからである。

 まず、西洋の古代リベラリズムとは、自らが自由で有り得るような権力の保有とそれへの参与であり、権力の不在や権力からの解放を主たる内容とはしていなかった。このような古代リベラリズムは基本的に中世まで引き継がれ、実体的な支配権を離れた自由は存在し得なかった。ところが、近代に入ると、リベラリズムは、政治共同体への帰属や諸特権としてではなく、人間が人間であることに基

づく権利として観念された。つまり、近代リベラリズムは、自由を権力と対置する反対概念として観念したわけである。ただし、個人に対する権力の干渉を排除するためには、政治権力に参加する権利としての自由も必要となる。その結果、今度は、この集団的な自己決定への自由が、個人への干渉を排除するための自由と相克するようになった。この相剋は、19世紀以降のリベラリズムをめぐる議論でたえず争点化され、この議論の過程で、社会的権力と自由、個的自己と集団的自己、経験的自己（今ここで現にある自己）と「本来的」自己（理性的で規範的な自己、あるいは、それらからさえも根源的に解放されるべき自己）の関係性が問われることになった。分かりやすくいえば、近代リベラリズムは、自由と権力を二元論的にとらえ、それ故に国家と社会を対置させてきたが、実は、政治権力や国家以外の力も個人の自由を脅かしているのではないか、たとえば社会的権力からの自由という論点が見過ごされてきたのではないか、と指摘されるようになった。だからこそ、マルクスは、市場を中心とする社会構造を問題視し、トクヴィルやJ. S. ミルは、社会の平準化が自由を実質的に空洞化してしまう「多数の専制」を問題視したのだった。また、個的自己と集団的自己とは、自由と民主主義の相剋として知られる問題であり、それは突き詰めると、自由の主体たる自己とは誰なのか、という問いに集約される。さらに、ここでいう自由の主体が今ここにいる自己だとすれば、それは社会的に陶冶されるべき規範的自己なのか、それとも、そこからさえも解放されるべき自己なのかといった様々な問題群が現れるようになった。こうして現代リベラリズムは展開しているのである（川崎修 1999, 2001）。

　以上のように整理してみると、西洋における近代から現代までの

リベラリズムの変遷は、個人に対する干渉の排除と自己決定という、古代から連綿と続く自由の中核的観念をめぐる変遷だ、ということになる（川崎修1999）。端的にいってしまえば、リベラリズムは、それが近代になって二元論的にとらえてきた自由と権力の問題とどう向き合うのかを本質的課題としているわけである。したがって、近現代中国においてリベラリズムを問うならば、自由と権力という視角を回避することはできない。その上で、近現代中国に特有な、もしくは特有と思われる現象を扱わなければならない。

それでは、このような変遷をたどった西洋のリベラリズムが、19世紀後半の清末以降に中国でどのように受容されたのかを確認していこう。

中国におけるリベラリズムの受容と厳復

もともと中国には「自由」という概念があった。しかし、それは放任の自由という意味か、甚だしくは、自分勝手な自由という、いわば儒教規範に反するマイナスのイメージとして理解されてきた。その伝統中国の「自由」観をリベラリズムの受容によって刷新しようとしたのが、厳復だった。

厳復は、スミスの *The Wealth of Nations*（1776）を『原富』（1902）として経済的自由を紹介し、J. S. ミルの *On Liberty*（1859）を『群己権界論』（1903）として社会的自由を分析した。さらに、シーリー[*3]の遺稿集 *Introduction to Political Science: two Series of Lectures*（1896）を種本とする講義テキスト『政治講義』を著わして、政治的自由についても考察を加えた。

しかしながら、当時の中国は帝国主義列強の侵略に苛まれ、中国におけるリベラリズムは国家主義や民族主義に従属すべきだという

考え方が蔓延していた。くわえて、伝統中国では「自由」が多すぎたことから、リベラリズムの受容に対する社会からの反発も少なくなかった。したがって、厳復は、こうした政治的社会的圧力にも配慮せざるを得なかった。たとえば、J. S. ミルが国家のみならず社会からも守られるべき私的領域の確保を目ざしたのに対して、厳復は自由が伝統中国のように過剰になることを防ごうとした。

それでも厳復は、これら3冊の著書を介して、干渉の不在という自由論を探究し続けた。厳は、個人の自由という名の下に正当化されるべき近代西洋の自由を重視し、中国におけるリベラリズムの定着に、やはり尽力したのだった（梁一模 2011）。確かに彼の翻訳活動は時代の制約をうけ、変形してうけ入れられたが（シュウォルツ 1978）、18世紀から19世紀のイギリスで注目されていたリベラリズムの真意を中国に伝えたという意味においては、「成功した翻訳」（黄克武 1998）でもあった。

中国におけるリベラリズムの定着と胡適

以後も、20世紀前半の中国には、伝統中国の政治文化に抗いながらリベラリズムを定着させようとした知識人が続くことになる。その代表人物が、1910年代後半の新文化運動で儒教文化と封建制度の一掃を目ざした胡適だった。

胡適が表舞台に登場した1910年代後半は、折しも、五四運動によってナショナリズムが中国全土へと広がっていった時代だった。この時代性を背景として、中国の進むべき道をめぐる論争が活発化し、1920年代の中国は様々な主義を乱立させることになった。

そうした混沌とした情勢下にあって、胡適は、リベラリズムを中国になんとかして定着させようとした。結論からいえば、胡は、少

なくとも1930年代までには、中国においてリベラリズムを1つの主義として国内の人々に認知させることに成功した。冒頭で紹介した「民主・独裁」論争においても、彼は、民主政治を誰よりも強く主張した。だからこそ、中国におけるリベラリズム研究の第一人者である章清（2008）は、次のようにまとめている。

> 1930年代に「中国の自由主義」の命名は完成をみた。このことは「五四」新文化運動を自由主義の思想運動と定義しただけではなく、胡適を「中国の自由主義者」とみなし、梁啓超をその先駆者とみなして、彼らの地位を肯定していったことを意味する。

実際のところ、その定着した痕跡は、近代西洋のリベラリズムに共鳴する『現代評論』（1924〜1928）、『独立評論』（1932〜1937）、『観察』（1946〜1948）が権力の内外から権力批判をおこなっていたことからも証明されよう。

これらの政論誌のなかでも、とりわけ人気を博したのが『観察』だった。『観察』は、日中戦争終結後の1945年から1949年の、いわゆる戦後中国において、リベラリズムを代表する最も著名な政論誌として創刊当初から話題を呼んだ。その責任者だった儲安平は、胡適と双璧をなす中国のリベラリストとして、確たる地位を築いていった。

近現代中国と混沌とするリベラリズム

とはいえ、1940年代の中国が多義的な概念であるリベラリズムを理論化し、それを中国語の自由主義と精緻な等号関係で結べたわけではなかった。やはり、自由主義といいリベラリズムといい、その境界は曖昧なままだった。唯一いえることは、自由主義やリベラ

リズムとしか形容できない政治思想が1940年代にもひしめきあっていた、という事実だけである。

　だからこそ『観察』は、自由主義とリベラリズムをめぐって、実に興味深い専論を掲載している。以下に抜粋しておこう。

　　私のみるところ、それ〔liberalism〕は決して厳格な「主義」ではない。……liberalismはliberalに由来するが、このliberalという形容詞を「自由」と訳したことに根本的な間違いがある。……〔liberalという形容詞を名詞として広義に解釈した場合、その意味は、我慢でき、偏狭さもなければ偏見もない人という意味になり、このような〕liberalから派生したliberalismは、度量が大きく、我慢でき、そして偏狭さがなく、偏見もなく、改革を重視するといった態度をさす。このような態度は思想の自由と言論の自由を尊重するものであり、〔だからこそ〕このような態度の意義とは自由を重んじることだけにとどまるものではない。実のところ、我われが「自由主義」と呼んでいるのは、しぶしぶそうしているだけなのである。もし、このように解釈するならば、いわゆる「自由主義」とは、人や事物に対するたんなる1つの態度だということになる。つまり、態度が寛大で少し先進的な人が「自由主義者」なのである（鄭慎山「釈Liberal・Liberalism」『観察』第4巻第6期、1948年4月）。

　この専論が掲載された頃、中国のリベラリストが国民党と共産党に対抗し得る政治勢力となり得るのか否かが政治上の争点となっていた。これは、当時の中国社会で最も定評のあった民営紙『大公報』が「自由主義者の信念」という社評【図2】を掲載したのをきっかけにして、争われるようになった。『大公報』の社評は、

リベラリズムを一種の理想や抱負だと定義し、人生に対する基本態度、すなわち公平さと理性、そして多数を尊重して自らと異なることをうけ入れることだ、と述べた。このようなリベラリズムないしはリベラリストをめぐる議論の盛り上がりは、さきに紹介したように、鄭慎山という無名な知識人が社会的影響力のあった『観察』に寄稿するほどまでに高まっていた。そうした知識人がリベラリズムの起源を振り返ることで、中国語の自由主義は定義されようとしていた。

民国期のリベラリズムは、以上のように生成し定着し、発展していった。

図2　社評「自由主義者の信念」(『大公報』天津版, 1948年1月10日)

近現代中国におけるリベラリズムとその実践

しかし、民国期を含む近現代中国のリベラリズムが中国近現代史の主役を張れたのかと問われると、「そうではなかった」としか答えられない。

20世紀前半の中国は、欧米や日本の帝国主義勢力からの侵略にさらされ続け、この存亡の危機を克服するために、中華民族という近代的な概念を新たに創出するほかなかった。意外なことかもしれ

ないが、王朝時代の多民族性を束ねるための中華民族という概念は、1900年前後になって、ようやく登場したのだった。

　それはともかく、清末民国の中国は、20世紀の弱肉強食の世界を生き延びるために、1つの民族に1つの国家を対応させる近代国民国家へと変化しなければならなくなった。実際、1911年の辛亥革命とよばれた政治変動は、君主国（王朝）から共和国への転換を試みたものだった。また、近代中国の思想文化も、新聞、雑誌、ラジオなどの近代メディアや漫画表現を含む新しい表現方法によって、国家論から生命論までを幅広くとりこみながら、歴代の王朝を支えてきた儒教文化を溶解するか、それを現代風にリバイバルしようとした（坂元ひろ子 2016）。ここに、国民革命*4、満洲事変、日中戦争、および日中戦争終結後の1946年に再開された国共内戦といった戦争と革命という時代性が重なって、国家主義や民族主義そして社会主義が中国のとるべき有力な選択肢として浮上した。

　とはいえ、君主国から共和国への転換を図った民国は、清末から始まる憲政改革によって、ナショナリズムとリベラリズムの両立を模索した時代でもあった（中村元哉 2017）。民国以来の憲政改革は必ずしも近代立憲主義に基づいていたわけではなかったが、憲法にもとづく政治という緩やかな意味で憲政をとらえるならば、その体制下で自由権をはじめとする人権を保障しようとする動きは絶え間なく続いた。民国のうち、その後半にあたる1930年代から1940年代に政権を担当した国民党（以下、国民党政権）は、軍政から訓政*5へと政治体制を移行させ、やがては国民主権の憲政を実施することで、民国を文字どおりの共和国にしようとした。中国憲法史上最もリベラルだと評される中華民国憲法は、こうして1946年12月に制定され、翌年1月に公布、同年12月に施行された。

さらには、伝統中国の「自由」が、検閲制度を巧みにすり抜けながら、権力に批判的な言論空間を創出し、そのような社会の動態が、メディア界の発展と知識人の巧みな文化戦略、つまり、文化問題を話題にしながら政治を語るという戦略と合わさりながら、公共空間を形成していった。しかも、そのネットワークは、民国の政権内部にも届いていた。1930年代から1940年代の国民党政権の内部には、自由派や民主派と呼ばれたリベラルな一群も存在した（章清2004）。
　こうした特質をもつ公共空間のなかで、憲政をめぐる闊達な議論が展開されたのだった。まさに、「度量が大きく、我慢でき、そして偏狭さがなく、偏見もない、改革を重視するといった態度」であるリベラリズムは、民国期に実践されていたわけである。

中国、香港、台湾のリベラリズム

　ところで、近現代中国のリベラリズムと漠然と示してきた20世紀前半の民国期のリベラリズムと、それを20世紀後半の中国で引き継いだ文字どおりの中国のリベラリズム——本書では両者をあわせて中国のリベラリズムと表記することもある——、さらには、20世紀後半に香港、台湾へと広がった香港、台湾のリベラリズムを、すべて包括して定義しておかなければならない。さすがに、それらすべてを「度量が大きく、我慢でき、そして偏狭さがなく、偏見もない、改革を重視するといった態度」とするわけにはいかない。
　まず、ここまでの整理からもわかるように、本書は、西洋からもたらされたリベラリズムに通底する自由と権力の問題が中国、香港、台湾のリベラリズムにも貫かれている、と定義する。それを具体的に考察するためには、法学者がしばしば権力との関係において最も重視する精神的自由権、すなわち、思想・良心の自由、表現の自由、

信教の自由、学問の自由、集会・結社の自由を扱うことが１つの方法となるだろう。そこで、本書は、これらの自由を権力との関係でストレートに問い続けた思想と、それらの自由を憲政という制度から問い続けた思想に分けて検討することにしたい（第１部）。

ただし、やはりここまでの整理からも明らかなように、中国、香港、台湾のリベラリズムは、伝統中国に対する文化問題としても立ち現れることになった。また、国民党と共産党が中国、香港、台湾において政治的な対立を継続するなかで、それらのリベラリズムは、共産党に対抗するための、一種の運動としての反共リベラリズムとして立ち現れることもあれば、マルクス主義や社会主義には反対するが、政治勢力としての共産党を容認しながら個人主義を第一とする、いわば容共リベラリズムとして立ち現れることもあった。さらには、共産党という権力の内部からリベラリズムを問う知識人も現れた。これらは、中国、香港、台湾に現れたリベラリズムを取り巻く諸現象に過ぎず、リベラリズムの本質的な流れからは逸脱する、ということになるのだろう。しかし、中国、香港、台湾においては、このようにリベラリズムが展開していた以上、これらを扱わないわけにはいかない。したがって、本書のいう中国、香港、台湾のリベラリズムは、これら一連の現象も含むことになる（第２部）。

それでは、本書はこのように中国、香港、台湾のリベラリズムを定義した上で、本書が扱う第１部と第２部の内容をまずは時系列で整理し、最後に各部の構成を説明することにしたい。

民国期のリベラリズムと憲政

民国期のリベラリズムを牽引した胡適や儲安平は、いずれも、自由と権力の問題に真正面から取り組んだ。それは、突き詰めていえ

ば、共和国に移行した民国で憲政をどのように実現するのかという課題にも取り組んだ、ということでもある。憲政はナショナリズムとリベラリズムの結節点であり、それをめぐる思想営為は、必然的に自由と権力の問題へと跳ね返らざるを得ない。たとえ、共和国としての民国の内実がどうであれ、民国が共和国としてスタートをきったことから、リベラリズムの本質的課題が近現代中国にも重たく圧し掛かっていたという事実そのものが重要である。

　国民党は、民国が成立した1912年に中華民国臨時約法を制定し、一旦は憲政を実施した。しかし、その憲政は中断を余儀なくされ、それを再生すべく、満洲事変前後の時期から中華民国憲法草案の作成にとりかかった。その草案作成の中心にいた国民党員のうち、人権の保障を、大日本帝国憲法のように法で制限することなく、日本国憲法のように憲法に直接明記しようとしたのが、憲法学者の張知本だった。張は満洲事変以降の国難のなかで国家主義の立場を鮮明にしたが、それにもかかわらず、なぜ彼は人権を憲法で直接保障すべきだ、と主張し続けたのであろうか。検討すべきテーマである。

　さらに、より興味深いのは、中華民国憲法の最終段階の草案が張知本ら国民党員によって作成されたのではなく、日中戦争終結後に国民党外部の張君勱によって作成された、という事実である。張君勱は、国共両党以外の、いわゆる民盟を中心とする第三勢力の一角を担った国家社会党（のちの民社党）のリーダーであり、新文化運動とは対照的に儒教文化に根ざした民族主義にも配慮しながら、中華民国憲法の土台となる草案を作成した。だからこそ、彼がどのようにして憲法草案をとりまとめ、リベラルな中華民国憲法がどのように制定されたのかを知ることは、不可欠である。

民国期のリベラリズムと中台分断

 ところが、民国期のリベラリズムは、1949年に国民党から共産党へと政権が交代し、民国が台湾に逃れて、人民共和国が新民主主義から社会主義への移行を目標に掲げて成立すると、伏流するか変質するかした。ちなみに、新民主主義とは、共産党の指導を前提としながらも、労働者階級、農民階級、小ブルジョア階級、民族ブルジョア階級、その他の愛国的民主人士からなる人民民主統一戦線の下で政権を運営しようとする考え方であり、同時代の東欧諸国では人民民主主義と呼ばれていた。この時に憲法に準ずる文書として効力を持ったのが、1949年の中国人民政治協商会議[*6]共同綱領（以下、共同綱領）だった。つまり、民国期のリベラリズムは、新民主主義に期待を寄せながら伏流するか、もしくは「民主集中」制という、いわば下から積み上げられた民主性が上層の共産党中央で集約され、その民主性を凝縮した上層が下層を効率よく指導するという仕組みを支える社会主義民主論へと変質しながら、リベラリズムの真髄を何とかして残そうとした。

 それならば、民国期にリベラリズムもナショナリズムも、さらには自由も平等も重視した知識人は、どのように共産党の「民主集中」制を自己解釈して、1954年の中華人民共和国憲法下で社会主義建設に従事しようとしたのだろうか。たとえば、民国期の政治学を牽引してきた銭端升（せんたんしょう）は、自由と統一を基調とする自身の信念を、人民共和国の成立当初にどのように社会主義民主論に組み込んで、維持しようとしたのであろうか。

 もちろん、民国期のリベラリズムは、将来の社会主義建設を目標とした人民共和国の成立によって、受難の時代を迎えることになっ

た。1950年に始まった朝鮮戦争を契機に、戦時統制へと逆戻りするかのような政策が次々に打ち出され、敵対する可能性のある知識人への思想改造と思想弾圧が繰り返された。中国でリベラリズムの象徴的存在だった胡適に対する全面批判は、その最たる例である。その後も、1957年の反右派闘争や1966年の文革が続き、儲安平ら民国期のリベラリズムを牽引してきた知識人は徹底して弾圧された。むろん、このような苛酷な思想状況下でも、顧準(こじゅん)のように気概と勇気をもって中国のリベラリズムを死守しようとした知識人もいるにはいたが、ほとんど風前の灯火のような惨状だった。

　だからこそ、このような苛酷な時代が待ち構えているであろうことを予想した知識人は、民国の避難先である台湾やイギリス統治下に残り続けた香港へと逃れ、そこで民国期のリベラリズムを広めていった。

　米ソ冷戦が東アジアにも影響を及ぼすなか、台湾に移った国民党政権は憲政を凍結して、事実上の一党独裁体制へと舵を切った。この独裁化に反発したのが、台湾内部から民主化を要求した人々であり、さらには、台湾へと伝播した民国期のリベラリズムを継承する人々だった。この民国期のリベラリズムの台湾への伝播は、他ならぬ胡適によっておこなわれた。胡は、王世杰(おうせいけつ)や呉国楨(ごこくてい)といった国民党政権内部のリベラルな一群や、殷海光(いんかいこう)ら蔣介石(しょうかいせき)の独裁化に距離をおき始めた国民党員らと、反共で民主政治を重んじる『自由中国』(1949〜1960)を創刊した。この政論誌は、やがて独裁化を強めていった国民党政権を厳しく批判するようになったため、1960年9月に廃刊へと追い込まれた。世にいう『自由中国』事件である。この事件では、蔣介石の片腕として国民党を長年支えてきたリベラリストの雷震(らいしん)が投獄され、台湾におけるリベラリズムの

はじめに　21

持続的発展に深刻な影響を及ぼした。

　と同時に、リベラリズムの受容と展開は、絶えず中華文明下のナショナリズムとの摩擦を引き起こし、伝統中国と近代西洋の優劣をめぐる文化論争を清末から繰り返し発生させてきた。それだけに、リベラリズムとナショナリズムの選択と調和を問う文化論争は、中台分断下の台湾においても、台湾独自の近代化にも注目する人々を巻き込みながら、引き続き問われることになった。

　さらに、この時代においては、それが否応なく問われざるを得なかった理由が他にもある。それは、中国の政治情勢とも深く関係している。

　人民共和国は、伝統中国を否定して社会主義建設へと邁進し、やがて文革を発動した。そのため、台湾は、中華文化復興運動を起こし、中華ナショナリズムとその基盤となる伝統文化を重視し続けることで民国の正統性を外部にアピールできるはずだと考えるか、逆に、中台統一を断念して台湾独自のアイデンティティを強化すべきだと考えるのかを検討せざるを得なくなった。もし国民党政権のような前者の立場であれば、民国期のリベラリズムは、独裁化を真正面から否定するからこそ、国民党政権によって主導される中華ナショナリズムの強化には有害だ、と判断されることになる。もし独立派のような後者の立場であれば、民国期のリベラリズムは、やがて台湾のリベラリズムへと変容し、台湾の近代西洋化を促しながら台湾の独自性を発揮するのに有益だ、と判断されることになる。つまり、中台分断という政治状況は、必然的に、伝統中国と近代西洋をめぐる文化論争を引き起こすことになったのである。

　この伝統中国と近代西洋のはざまで苦悩し続けた典型的人物が、殷海光だった。殷は、胡適の『自由中国』を1950年代後半から牽

引し、その『自由中国』が伝統文化を重んじる徐復観の『民主評論』
(1949〜1966／香港) と繰り広げていた文化論争を、『文星』(1957
〜1965) 誌で引きとったのだった。

民国期のリベラリズムと冷戦下の香港

　ところで、当然のことながら、米ソ冷戦の影響は、香港にも及んだ。

　人民共和国の成立によって反国民党勢力が反共産党勢力へと入れ替わった香港では、中華ナショナリズムの復興をめざす現代儒家（新儒家、現代新儒家）とよばれた知識人——上述の徐復観も含まれる——が、共産党政権の反伝統主義に反発して逃れてきた。現代儒家には、梁漱溟ら中国にとどまった知識人とは別に、共産党政権の伝統批判を嫌って香港や台湾へと脱出し、リベラリズムとの接点を見出そうとした知識人もいた。香港の反共リベラリズムは、彼らによっても担われ、台湾の反共的な中華ナショナリズム論としばしば共鳴した。

　香港には、この他にも、民国は支持するが蔣介石は支持しないという人々も集まった。換言すれば、米ソ冷戦下の香港には、反共勢力として台湾と連携しながらも、台湾で独裁化していった蔣介石および蔣が指導する民国には反発するという、いわば民国期のリベラリズムの系譜に連なる知識人らが集結したのだった。

　この香港に注ぎ込まれた民国期のリベラリズムは、たえず、台湾内部から民国を改変しようとする反蔣介石勢力もしくは反国民党勢力とは連携しやすかった。現代儒家であり中華民国憲法の生みの親だった張君勱が香港において存在感を放ち続けた理由は、ここにある。だからこそ、逆説的にいえば、香港は、国民党と共産党にとっ

はじめに　23

て文化工作を重点的におこなう地域となり、反共の拠点としたいアメリカ合衆国（以下、アメリカ）と、行き過ぎた反共を警戒するイギリスとが微妙にすれ違う国際都市にもなったのだった（中村元哉2015A）。

このように民国期のリベラリズムが冷戦下の香港で実践されたことは、まず青年党系の『自由陣線』（1949～1959）の活動に表れた。同誌は、国民党やアメリカと深い関係にあった友聯社から資金援助をうけていたものの、政治の民主、経済の公平、文化の自由を理念に掲げて、国共両党および米ソ両国のいずれにも徐々に手厳しい批判を加えながら、反共で一致する華僑華人のリベラリズムを束ねようとした。青年党は国家主義を主張した政党として認識されているが、そのナショナリズムは、リベラリズムとの融和を目ざすような側面をもともと持ちあわせていた（小野寺2011）。

この『自由陣線』の理念は、同じく青年党系の政論誌である『聯合評論』（1958～1964）へと引き継がれた。『聯合評論』も、国民党やアメリカから資金をうけとっていたが、香港をとりまく内外情勢を豊富に掲載したことから、中国にとっても貴重な情報源として重用された。また、同誌は、台湾に対しては『自由中国』事件が発生する以前から民主化を要求していたため、台湾での流通を禁止された。このような『聯合評論』で自由論を積極的に主張したのが、20世紀前半の中国で青年党の政治活動を牽引してきた左舜生だった。

こうして1960年代前半の香港は、中国と台湾に対するリベラリズムの実践の場として機能し続けた。このことは、民国を大陸へと復帰させようとした国民党政権にとっては、かなりの痛手だった。なぜなら、自らが掲げる反共、民主、自由の論理が国際社会におい

て、どんなに少なく見積もっても東アジアの世界において、色褪せてしまったからである。と同時に、香港と台湾との亀裂は、共産党政権からすれば、香港政策の重要性を改めて認識させることになったからである。

その後の中国と香港と台湾のトライアングル関係は、反英抗争、文革、および台湾や香港での独自性を追求する動きによって新たな段階へと移っていき、既述したように雨傘運動の歴史的背景の1つを形成していった（羅永生 2015）。

中国におけるリベラリズムの二面性──反共と容共のリベラリズム

ここまでの整理からも明らかなように、民国期のリベラリズムは 20 世紀後半に香港、台湾へと伝播し、それぞれの地域で連鎖していった。別の言葉で思い切って要約すれば、国民党か青年党か民社党かを問わず、あるいは儒教文化を重んじる現代儒家であるか否かを問わず、反共のリベラリズムが中国から香港、台湾へと広がり、米ソ冷戦下でそれぞれの地域で連鎖したリベラリズムは、香港と台湾の間に協調と対立という新たな現象も引き起こした、ということである。

ところが、これだけでは読み解けない特徴が、20 世紀後半の香港にはある。それは、香港が中国南方の広西、雲南、および日中戦争期に戦時首都となった重慶の動向と特殊に結びついていた、ということである。

20 世紀前半の民国政治史を国民党の視角から整理し直すと、反蔣介石グループの中心だった国民党の李宗仁が広西を、その李とも連携しながら、あたかも独立王国の君主であるかのように振る舞っていた国民党の龍雲が雲南を統治していた。このような政治

的自立性が、とりわけ日中戦争期において、広西の桂林と雲南の昆明に、多くの共産党員や左派系知識人を呼び込むことになり、特殊な政治思想の空間を創り出した。桂林は、活発な文化活動が戦時下でおこなわれた都市として広く知られ、昆明は、龍雲の容共的政治方針の下で国共合作を実践しながら、戦時下において思想・良心の自由、表現の自由、学問の自由、集会・結社の自由のみならず、いかにも多数の少数民族が混在する地域らしく、信教の自由にも比較的に寛容な都市として機能していた。戦時下の中国におけるリベラリズムは、『新華日報』などの共産党機関紙の開設が許可された、いわゆる戦時首都重慶を中心に広がっていた「大後方」とよばれる奥地に集約され、重慶とともに日中戦争期の三大文化センターと称された桂林や昆明で、容共リベラリズムを育んでいった。

たとえば、その典型的な人物として、広西においては、国民党の黎蒙（れいもう）がいる。黎は、李宗仁の腹心で『広西日報』の責任者に抜擢された人物であり、国民党の宣伝文化政策を担う主要人物でありながら、共産党員や左派系の人々を匿っていた、まさに抗日愛国と呼ぶに相応しいジャーナリストだった。

また、雲南においては、蔣介石とたびたび衝突しながらも国共合作を維持した龍雲の統治下で、民国期のリベラリズムを日中戦争期に継承した『今日評論』（1939〜1941）、『当代評論』（1941〜1944）、『自由論壇』（1944〜1946）、『民主週刊』（『民主周刊』／1944〜1946）が発行され、まさに戦時下における自由な空間が最大限に確保されていた（水羽信男 2004）。その自由な空間は、チベット、ビルマ（ミャンマー）、ラオスなどの仏教文化圏に囲まれた雲南においては、信教の自由に関しても比較的に寛容だった。たとえば、江映枢（こうえいすう）は、日本の陸軍士官学校とも太い繋がりをもち、朱（しゅ）

徳や葉剣英ら共産党の主要な軍人を輩出した雲南陸軍講武堂で学んだ軍人だったが、1920年代末からは仏門に入って宗教活動に専念した。江は、日中戦争期に重慶で隠居生活を送ったものの、日中戦争終結後に憲政の実施が政治日程に上ると、憲法を制定するための国民大会（「制憲国民大会」）代表に地元の雲南省建水から選出された——ただし制憲国民大会には参加しなかった——。その息子の江勃森も早くから宗教に開眼し、のちに、儒教、仏教、道教、イスラム教、キリスト教を融合した新しい密教（「密宗」）を立ち上げて、その上師として華僑華人の文化圏で活躍した。

　実は、ここで紹介したこれらの人物は、人民共和国が成立した前後の時期に、香港と深く関わっていた。蔣介石に代わって臨時総統の座に就いた李宗仁は、腹心の黎蒙や、同じく腹心で香港のリベラリズム勢力の結集に尽力した程思遠らに援助されて、密かに香港からアメリカへと亡命し、1965年に北京に戻った。龍雲も、香港を経由して、1950年代前半に北京に移動した。その彼らは、孫文夫人の宋慶齢や共産党の対日政策の責任者だった廖承志の母親何香凝ら、いわゆる反蔣介石グループの国民党員が主要メンバーとなった中国国民党革命委員会に合流した。黎蒙にしても、また、江映枢、江勃森親子にしても、いずれも香港に逃れて、著名なジャーナリストや宗教家として活動を続けた。

　要するに、1950年代からの香港は、もともと知られている広東との結びつきをもつ国際都市だっただけでなく、また、日中戦争期に満洲や南京、上海などで日本に協力した人々（「漢奸」）の避難先として機能していただけでなく、反共のリベラリズムが注ぎ込まれた国際都市であると同時に、戦時下の重慶、広西および雲南で展開されていた容共のリベラリズムもとり入れた国際都市だったのであ

る。このような民国期のリベラリズムをめぐる香港の特殊性が、香港と中国、香港と台湾の関係を複雑にしていった。

　ちなみに、広西および雲南から香港へと民国期のリベラリズムが流入していった、この連鎖現象を体現していた黎蒙と江勃森は、佐藤栄作首相が香港を通じて極秘にすすめていた日中国交正常化交渉の直ぐ近くにいた人物だった[*7]。

本書のねらいと構成

　ここまでの説明から、読者の方々はもう理解して下さったと思うが、本書の目的は、「民主か独裁か」というありきたりな切り口から、現代中国を論じることではない。現代中国をめぐる「民主か独裁か」という切り口の奥側に潜む、中国と香港と台湾のトライアングル関係の歴史性を、様々なイズムとも重なり合う中国、香港、台湾のリベラリズムという視角から読み解くことにある。そのためには、中国のリベラリズムがどのように発展して、香港や台湾にどのように広まって連鎖したのかを整理することから始めなければならない。

　この導入部では、注目すべき人物として儲安平、張知本、張君勱、銭端升、顧準、雷震、殷海光、左舜生らを時系列で紹介しながら、中国、香港、台湾におけるリベラリズムの基本的な系譜について解説してきた。しかし、本書は、この時系列にそって1人1人を紹介する構成をとらない。本書は、すでに述べたように、中国、香港、台湾におけるリベラリズムの本質とそれをめぐる諸現象という2部で構成され、民国期のリベラリズムが20世紀後半に中国、香港、台湾の各地域でどのように継承され、どのような関係性を形成していったのかを示す。

本書の構成は、次のとおりである。
　はじめに——中国、香港、台湾のリベラリズムとは？
　第1部　中国、香港、台湾のリベラリスト
　　第1章：批判の自由を求めて——儲安平
　　第2章：自由と統制の均衡を求めて——銭端升
　　第3章：憲政の制度化を求めて——張君勱
　　第4章：憲法による人権の保障を求めて——張知本
　第2部　中国、香港、台湾における連鎖
　　第5章：文化論としてのリベラリズム——殷海光
　　第6章：日中戦争下の容共リベラリズム——広西、雲南から
　　　　　　香港へ
　　第7章：米ソ冷戦下の反共リベラリズム——香港と台湾
　　第8章：反右派闘争から文化大革命までのリベラリズム
　おわりに——蘇る中国、香港、台湾のリベラリズム

　すなわち、第1部は、自由と権力に焦点をあてる。第1章（儲安平）と第2章（銭端升）では中国における継承性を、第3章（張君勱）では中国から香港への広がりを、第4章（張知本）では中国から台湾への広がりを説明する。第2部は、民国期のリベラリズムをめぐる諸現象が中国、香港、台湾でどのように連鎖したのかに焦点をあてる。第5章（殷海光）では文化論としてのリベラリズムを、第6章では広西、雲南を事例とする容共リベラリズムを、第7章では香港と台湾における反共リベラリズム（左舜生と雷震も含む）を、第8章では中国内部における連鎖現象（顧準も含む）を整理する。さらに、中国と香港と台湾へと広がっていったリベラリズムは、1960年代から1970年代にかけて一旦は生命力を失いかけたが、1970年代の終わりから蘇り始め、中国と香港と台湾における

はじめに　29

連鎖のうち、香港、台湾から中国へという逆流現象を強めながら「六四」に至ったことを、本書の「おわりに」で概観する。

なお、学術の観点から２点だけ補足しておきたい。

１点目は、本書が、ある前提をふまえて、それでもあえて中国におけるリベラリズムの動向にだけ着目した、ということである。その前提とは、中国においても、世界と同じように、リベラリズムもナショナリズムも含めた国制という広がりをもつ憲政史が重要だ、ということである（中村元哉 2017）。このことを前提として書きすすめる本書は、中国近現代史研究の文脈に即していえば、Fung（2000）、章清（2004）、水羽信男（2007）の研究成果を 1980 年代にまで押し広げ、しかも、香港と台湾を視野に入れた、という点に研究上の特質を見出し得る。

２点目は、専門的な本書の内容を一般化するために、史料や参考文献の引用を必要最小限にとどめた、ということである。書き下ろした第６章、第７章、第８章を除き、第１章から第５章の学術的根拠については、それぞれ下記の拙稿を参照して下されば幸いである。

第１章：

『戦後中国の憲政実施と言論の自由 1945-49』（東京大学出版会、2004 年）

「雑誌『観察』と羅隆基」趙景達ほか編『講座東アジアの知識人——さまざまな戦後』第５巻（有志舎、2014 年）

第２章：

「従 1940 年代後半的中国自由主義思想看新民主主義階段（1950-1953 年）的中国政治思想——以法学家銭端升為中心」（『人間思想』第３期、2015 年）

＊本章の約 3 分の 1 は「中国憲政とハンス・ケルゼン──法治をめぐって」（中村元哉編『憲政から見た現代中国』東京大学出版会、2018 年）と重複していることを断っておく。

第 3 章：

　「張君勱」趙景達ほか編『講座東アジアの知識人──さまざまな戦後』第 5 巻（有志舎、2014 年）

第 4 章：

　「世界の憲政潮流と中華民国憲法──張知本の憲法論を中心に」村田雄二郎編『リベラリズムの中国』（有志舎、2011 年）

　「中華民国憲法制定史──仁政から憲政への転換の試み」（『中国──社会と文化』第 30 号、2015 年）

第 5 章：

　「20 世紀前半の中国政治思想から読み解く戦後台湾の政治思想── 1960 年代の殷海光の活動を中心に」（日本台湾学会第 15 回全国大会報告ペーパー、広島大学、2013 年 5 月）

第*1*部
中国、香港、台湾のリベラリスト

第1章 批判の自由を求めて──儲安平

第1節　ジャーナリストとしての儲安平

国民党とイギリスと文学

　儲安平（1909～1966？／江蘇省宜興）は、著名なリベラリストを数多く教授陣に迎えた上海の光華大学で、英文学を専門に学んだ。光華大学は、アメリカのミッション系大学であるセント・ジョンズ大学の教員たちが、1920年代の中国におけるナショナリズムの高揚を背景として、教育の自主権を回復すべく組織した私立大学である。儲は、1932年に同大学を卒業し、国民党系の中央大学に編入した後、国民党中央機関紙の南京『中央日報』で特集欄（「副刊」）の編集にあたった。こうして彼は、国民党政権内部に人脈網を構築し、1936年から1938年までイギリスにも留学した。留学先では、イギリス労働党のイデオローグでリベラリストの1人だったラスキに師事した。確認するまでもなく、ラスキは社会民主主義者として世界に名の知れた思想家である。一般に、世界のリベラリズムは、政治的自由と経済的自由を第一に追求する古典的なリベラリズムから、経済的な平等（「経済民主」）や社会権にも目配りするようになった新型のリベラリズムへと変化していったとされるが、儲安平はこの世界的な変化をイギリスで体感し、日中戦争期の中国にリベラリズムを持ち帰ったのだった。

こうして儲安平は、国民党政権にもパイプをもちながら、イギリスのリベラリズムの影響をうけて、20世紀前半に生成し定着しつつあった民国期のリベラリズムを、政権の外部から発展させていった。その際に、儲を特徴づけていた、もう1つの気質に注目しておかなければならない（水羽信男 2014）。

　肉親の情に薄かった儲安平は、自らの孤独さと向きあうためか文学に傾倒し、その魂の孤独を「河の流れのような憂鬱」（『新月』第3巻第12期、1931年9月）と表現して、「私は……薄暮を愛する。――私は薄暮のなかで自分を失ったようであるし、自分をまだ見ているようでもある」と心情を吐露していた（「豁蒙楼の暮色」『新月』第4巻第7期、1933年6月）。ちなみに、寄稿先の『新月』は、胡適らを中心とする「新月人権派」と形容されたリベラリストたちの総本山だった。その『新月』で、儲は、文学作品を発表したのだった。

　その後、儲安平の孤独さは、イギリス体験などを通じて、孤高さへと昇華され、品格を重んじる彼の気質を形成していった。彼は、イギリス国民のリベラルな品格は参加型の実践教育のなかで培われてきたと考え、実践教育によって育まれる品格こそが政治を規定するのだと認識して、次のように論じた。

　　〔品格のある人は〕真剣に生活し、まじめに仕事をし、実務に励み、空論をもてあそばず、誠実で頼りになり、勇敢で、誇りをもち、強靭で、本分をよく守ることができ、是非を判断し、公平を旨として、異見を容認し、他人を尊重する習慣をもち、公共の利益を尊重できる（『イギリス人、フランス人、中国人』観察社、1948年）。

　以上のような経歴と経験が、ジャーナリスト儲安平を誕生させた。

『客観』の創刊

ジャーナリスト儲安平がリベラリズムを実践するきっかけとなったのが、自らが重慶で創刊した『客観』だった。この『客観』は、1945年11月からわずか12期しか発行されなかったが、そのインパクトは決して小さくなかった。彼は、日常生活における品格の修養こそが民主化には必要であり、理性に基づいて異見を容認するリベラルな価値観を社会に定着させようとした。そのためには、人々の生活が最低限に保障される必要があり、経済問題の解決も民主化の実現には不可欠だと主張した（「今週を客観視する」『客観』第7期、1945年12月）。

『客観』を創刊した儲安平は、中国には統一が必要だが、その統一は民主政治に根ざさなければならず、民主政治を実現するためには言論の自由がなければならない、と自らの立場を明確に表明した。儲が後世に遺した代表的な時評【図3】には、次のような一文がある。

> 今日、共産党は、大いに民主を叫び、大いに自由を叫んでいる。しかし、共産党は、もともと、人民の思想の自由と言論の自由を承認できる政党ではない。と同時に、共産党のいう民主とは「共産党の民主」であって、私たちが要求している「人々が穏和に本音をさらけ出し、外からの干渉も一切うけずに、自由に意見を表明する」という民主ではない（「共産党と民主、自由」『客観』第4期、1945年12月）。

さらに、彼にとって、何よりも自由が大切だったことは、次の時評に明確に示されている。

> いかなる国の世論も、たいていは知識人によって指導さ

れている。今日の中国は訓政(「党治」)から憲政(「憲治」)へと移行する段階にあるため、知識人が前面に出て世論を指導することがとりわけ必要だと感じる。……

私は、次のように考えている。すなわち、国民党は自らが民主政治を提唱し指導していることから、その誠意を示すためにも、……国民政府が各種の言論の自由を制限する法令をすべて廃止することを通知し、国民がいついかなる場所でも新聞や刊行物を自由に出版できるようにすべきだ、と(「自由」『客観』第 7 期、1945 年 12 月)。

図3　時評「共産党と民主、自由」の一節
(『客観』第 4 期, 1945 年 12 月)

とはいえ、儲安平は、以上のように純粋な政治目標を掲げ、不純な政治を浄化させようとしたが、次第に一種のジレンマに陥っていったという。のちに儲が述懐したところによれば、『客観』はその出版原則と出版精神を徐々に反映できなくなった、つまり「政治の浄化を要求しながら、我われ自身が腐敗している」というジレンマに陥ってしまった、という(「勤勉さ、忍耐さ、前向きさ」『観察』第 1 巻第 24 期、1947 年 2 月)。

しかし、このような反省点も含めて『客観』でのすべての経験が、儲安平のリベラストとしての力をさらに引き出していった。その結

第 1 章　批判の自由を求めて　37

果が、中国におけるリベラリズムを最も代表する政論誌『観察』の誕生だった。『観察』を創刊した彼は、次のように並々ならぬ決意をもって、1940年代後半の中国においてリベラリズムを実践したのだった。

> この混乱の大時代に中国が必要としていることは、何者も恐れない言論であり、言論のためにすすんで命を犠牲にすることを決心した人である！（「逆風、試練、忍耐――『観察』第3巻報告書」『観察』第3巻第24期、1948年2月）。

第2節　民国期のリベラリズムを代表する政論誌『観察』

戦勝国としての中国

多くの日本人には意外なことに映るかもしれないが、第二次世界大戦で戦勝国となった中国は、孫文の遺訓である憲政への移行準備を日中戦争期にも着々とすすめ、日本国憲法とほぼ同じ日程で中華民国憲法を制定し、公布、施行した。この政治決断の背景には、国際的な要因もあった。というのも、戦勝国としての中国は、民主化を期待するアメリカに配慮することで国際的な地位を押し上げると同時に、アメリカのリベラリズムを基調とする国際秩序に五大国――アメリカ、ソ連、イギリス、フランス、中国――の一員として積極的に参加して、アジアの中心国として振る舞うことを求められていたからである。

このことは、少し見方を変えれば、次のようになる。すなわち、1940年代後半の中国は、国共内戦という戦争状態を継続しながらも、リベラリズムを最も発展させられる内外条件をもちあわせていた、ということである。すでに『客観』でリベラリズムを実践して

いた儲安平は、この時代環境に順応しながら、1946年9月、海外との窓口として繁栄してきた上海で『観察』を創刊したのだった。

『観察』知識人の多様性と共通性

『観察』は、当時政権を担っていた国民党に対しても、また政権を奪取すべく広範な社会の支持を勝ち取ろうとしていた共産党に対しても、しばしば厳しい論調で対峙した。1940年代後半の中国では、国民党が提示した三民主義にもとづく憲政構想と共産党が提示した新民主主義にもとづく連合政府構想が有力な戦後構想として浮上していたが、『観察』は、それぞれの構想の問題点を検討しながら、第三の道（「中間路線」）を模索する有力な場として機能していた。

ただし、だからといって『観察』は、国民党系の知識人や共産党系の知識人を一律に排除したわけではなかった。国共両党のどちらかを支持するような議論も、掲載することさえあった。個人の尊厳を重視して権力を批判的に監視するリベラリズムの理念を追求していた『観察』は、こうして幅広い論調をとり込んでいき、1948年12月までのわずか数年足らずとはいえ、相当に大きな影響力を政治面でも社会面でも発揮していった。『観察』は、民主、自由、進歩、理性の追求という自らが掲げた信念を貫き通したからこそ、魅力あるリベラルな政論誌となったのだった（章清2004）。儲安平は、20世紀半ばの中国でリベラリズムを牽引する人物に相応しく、次のように力強く主張した。

　　私たちは自由を要求し、各種の基本的人権を要求する。自由は放縦ではなく、自由も法を守らなければならない。しかし、法はまず人民の自由を保障しなければならず、人々を法の前では一律に平等にしなければならない。もし法が人民の

自由と権利を保障できれば、人民は必ず法を遵守するだろう。政府は、人民の人格を尊重すべきであり、自由は、人格を維持し保護するためにも絶対に必要である。……自由のない人民は、人格のない人民である。自由のない社会は、必ずや奴隷の社会となるだろう。我われは、人々が各種の基本的人権を獲得し、各個人の人格を維持し保護し、国家と社会の優れた発展を促すことを要求する（「私たちの志向と態度」『観察』第 1 巻第 1 期、1946 年 9 月）。

かくして、儲安平を中心に『観察』に結集したリベラルな知識人たちは、今日においてもなお、『観察』グループと称されるほどに一大勢力を形成していった。もちろん、この一群の人々は『観察』誌上だけで活躍した知識人ではなく、多士済々な「特約寄稿者」でもあった。

それでも、広範囲から集った知識人たちを細かく分析してみると、幾つかの共通項を見いだせる。1 点目は、1920 年代の前後に海外への留学経験をもち、イギリスやアメリカのリベラリズムに直接触れていることである。2 点目は、胡適らの新文化運動の影響をうけてはいるものの、五四運動後に論壇デビューしていることである。3 点目は、日中戦争期にリベラルな気風を保持し続け、雲南省昆明で活動した知識人が多いということである。これらの共通項は、新文化運動以降の民国期のリベラリズムの延長線上に『観察』のリベラリズムが位置づけられるということを、人的系譜からも裏付けている、ということである（水羽信男 2007）。

『観察』のリベラリズム

多士済々な知識人によって支えられた『観察』は、国民党政権内

部のリベラルな一群を代弁することもあれば、国民党政権の独裁体質を批判する共産党とも連携可能なリベラリズムを主張することもあった（許紀霖 2000；胡偉希 2000）。また、だからこそ、『観察』に象徴される 1940 年代後半の民国期のリベラリズムは、その理想を学問的に問いかけるだけでなく、現実政治にも向き合っていたのだった（Fung 2000）。儲安平および『観察』は、ときに権力内部のリベラリズムを表出しながらも、やはり主として権力外部から権力批判を展開したのである。

こうした政治性を帯びたリベラリズムは、第三の道に活路を見出そうとしていた民盟の基本的な政治主張とも重なっていた。たとえば、1945 年の「中国民主同盟臨時全国代表大会政治報告」は、英米流の政治的民主主義とソ連流の経済的民主主義を同時に実現することを目標に掲げており、まさに『観察』知識人は、これと同じ目標を繰り返し強調した。

ちなみに、「中国民主同盟臨時全国代表大会政治報告」を起草したといわれる人物が羅　隆　基だった。羅は、張君勱とともに国家社会党の中心メンバーであり、国家主義や社会民主主義を融合し得るリベラリズムを主張した知識人だった。彼は、『観察』知識人のメンバーとして名前を連ねていたわけではなかったが、彼のリベラリズムも、のちの反右派闘争において、儲安平とともに「右派」的思考として徹底的に弾圧されるほど、権力からは警戒されていた。

儲安平のリベラリズムと権力批判

さて、民国期のリベラリズムを実践した場である『観察』で、儲安平はどのような主張を繰り広げたのだろうか。儲を今日までリベラリストとして人々の脳裏に焼きつかせることになった名文が「中

国の政局」である【図4】。この迫力ある文章を、やや長くなるが引用しておこう。

　大局はすでに「極まれば変ず」の段階に至った。いまだに変化は始まっていないとはいえ、すでに確実に状況は極まっている。……

　我われの観察によれば、現政権〔国民党政権〕はすでにこの崩れた局面を挽回する力を失っており、最近では挽回する自信も失っている。……伝え聞くところによると、現政権は目前の情勢を非常に理解しており、一般の人々よりもはるかに憂慮し心配している。しかし、覚悟はしても行動はなく、こうした覚悟はなお私的なものに属しており、政治上の価値はない。〔国民党が政権を担ってからのこの〕20年という月日は決して短くはなく、〔この間に発生した〕病はとても深く遠くまできており、元に戻そうとすると大変な気力を必要とする。我われは、現在権力にある人々に、この大いなる気力があるかどうかを疑っている。……

　共産党は組織の厳密な党である。我われは長年、国民党の統治区域内に住んでおり、共産党の内情についてあまり知らないことを認める。……しかし、共産党員は人に対して「敵」か「友」かがあるだけである。彼らは、彼らとともに歩む人をうけ入れ、彼らとともに歩まない人を一律に敵とみなす。……実をいうと、我われは現在自由を争っているが、国民党の統治下では「自由」は依然として「多い」か「少ない」かの問題であるが、かりに共産党が政権をとれば「自由」は「有る」か「無い」かの問題に変わってしまう。……

　現在の中国の自由主義者は、民盟、民社党を除くと、各大

学および文化界に散らばっている。この自由主義者の数は多く、質的にも弱くはないが、彼らは散漫で、〔人々から〕重視されるべき組織をもっていない。これらの人々が擁している力はただ潜在的な力であり、表立った力ではない。ただ道徳的な権威の力であって、政治的な権力ではない。ただ思想と言論への影響に限定され、政治的行動力ではない（「中国の政局」『観察』第2巻第2期、1947年3月／砂山幸雄編 2011 より訳文を引用）。

このように儲安平は、国民党も共産党も、そしてリベラリストも

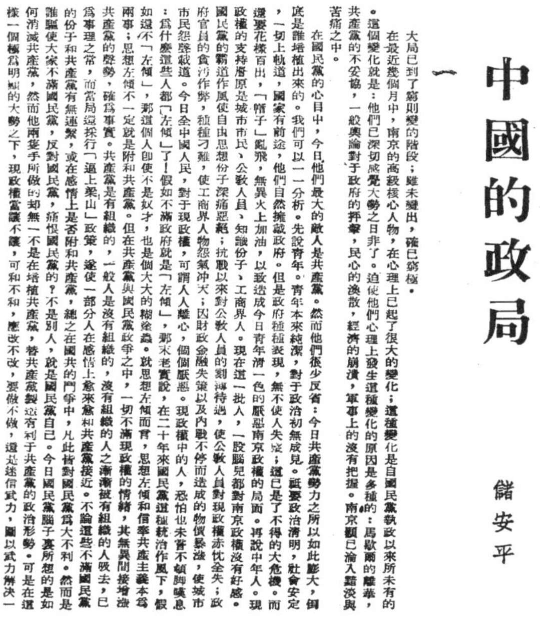

中國的政局

儲安平

一

大局已到了窮則變的階段；雖未變出，確已窮極。

在最近幾個月中，南京的高級核心人物，在心理上已起了很大的變化；這種變化是自國民黨執政以來所未有的。這個變化就是：他們已深切感覺大勢之日非了。迫使他們心理上發生這種變化的原因是多種的：馬歇爾的離華，共產黨的不妥協，一般輿論對于政府的抨擊，民心的渙散，經濟的崩潰，軍事上的沒有把握。南京顯已淪入黯淡與苦痛之中。

在國民黨的心目中，今日他們最大的敵人是共產黨。然而他們很少反省：今日共產黨勢力之所以如此膨大，倒底是誰培植出來的。我們可以一一分析。先說青年。青年本來純潔，對于政治初無成見。祗要政治清明，社會安定，一切上軌道，國家有前途，他們自然擁護政府。但是政府種種表現，無不使人失望；這已是了不得的大危機。而還要花樣百出，「帽子」亂飛，無異火上加油，以致造成今日青年清一色的厭惡南京政權的局面。再說中年人。現政權的支持層原是城市市民、公教人員、知識份子、工商界人。現在這一批人，一股腦兒都對南京政權沒有好感。國民黨的霸道作風使自由思想份子深痛惡絕；抗戰以來對公教人員的刻薄待遇，使公教人員對現政權赤忱全失；政府官員的貪污作弊，種種刁難，使工商界人物怨氣沖天；因財政金融失策以及內戰不停而造成的物價暴漲，使城市市民怨聲載道。今日全中國人民，對于現政權，可謂人人離心，個個厭惡。現政權中的人，恐怕也未嘗不頓脚嘆息：爲什麼這些人都「左傾」了！假如不滿政府就是「左傾」，那末老實說，在二十年來國民黨這種統治作風下，假如還不「左傾」，那這個人即使不是奴才，也是個大大的糊塗蟲。就思想左傾而言，思想左傾和信奉共產主義本爲兩事；思想左傾不一定就是附和共產黨。但在共產黨與國民黨政爭之中，一切不滿現政權的情緒，其無異間接增漲共產黨的聲勢，確爲事實。共產黨是有組織的，一般人是沒有組織的，沒有組織的人之漸漸被有組織的人吸去，已爲事理之常，而當局還採行「逼上梁山」政策，遂使一部分人在感情上愈來愈和共產黨接近。不論這些不滿國民黨的份子和共產黨有無連繫，或在感情上是否附和共產黨，總之在國共的鬥爭中，凡此皆對國民黨爲大不利。然而是誰驅使大家不滿國民黨，反對國民黨，痛恨國民黨的？不是別人，就是國民黨自己。今日國民黨腦子裏所想的是如何消滅共產黨，然而他兩隻手所做的卻無一不是在培植共產黨，替共產黨製造有利于共產黨的政治形勢。可是在這樣一個極爲明顯的大勢之下，現政權當讓不讓，可和不和，應改不改，要做不做，還是迷信武力，圖以武力解決一

図４　70年後の今日も色褪せない「中国の政局」（『観察』第2巻第2期，1947年3月）

滅多切りにしたのだった。しかし、儲は、国民党に対しても共産党に対しても明るい未来を描けなかったため、最後には、中国のリベラリストに期待するほかなかった。彼はいう。

> ただ自由主義者の指導があってこそ、中庸という安定と広大な人民の心からの同調が獲得される。我われは現在の中国の自由主義者が散漫であり、彼らの力はみな道徳にもとづくと指摘した。おおよそ道徳的な力は、普通、形のないものであり、見ることも捉えることもできないが、それが生み出す力は深く入り込み、長く残るものである。この力は社会において根を持ち、人々の心に根を持つ。ただ現在の中国の政局からすれば、わずかに道徳に限定された力では明らかに消極に失する。今日の絶対多数の人は、すでに国民党に満足していないが、必ずしも共産党を歓迎しているわけでもない。絶対多数の人はみな、国共両党の他に新たな力が生まれ、中国の政局を安定させ得ることを願っている。この要求は、時代に迫られたものである。我われは、中国のここ数年の情勢は暗澹たるものだ、と考えている。少し先を論じれば、我われの世代は、大概すでに、「自己を犠牲にして、後の世代に幸福をもたらす」ものと定められている。……自由主義者は立ち上がることができるし、そうしなければならないのである。これは、彼らが喜ぶか否か、願うか否かの問題ではなく、彼らの歴史上の責任問題である（「中国の政局」『観察』第 2 巻第 2 期、1947 年 3 月／砂山幸雄編 2011 より訳文を引用）。

しかも、このリベラリストへの期待の裏返しとしての国共両党に対する厳しい批判は、米ソ対立が東アジアにも覆いかぶさるなかで、米ソ両国に対しても向けられた。たとえば、儲安平の代表的

な論説として今も注目される「ブリットの私見に偏った不健全な訪中報告」(『観察』第3巻第9期、1947年10月）は、次のように述べている。ちなみに、ブリットとは、アメリカの初代駐ソ大使で、駐仏大使も務めたことのあるウィリアム・ブリット氏のことである。

　　この数年間、中国における多くの言論は、中国が米ソ両国のどちらかにつくことを願ってはいない。ところが、今の中国政府〔国民党政権〕は、自分たちの個人的あるいは集団的な権勢と利益のために、明らかに共産党を排除している。共産党を排除するが故に、ソ連を憎む。ソ連を憎むが故に、アメリカ一辺倒になっている。一部の人たちに至っては、米ソ両国を挑発して第三次世界大戦を引き起こそうとしている。……〔ブリット氏が援助しようとしている〕国民党政権は反ソ反共の政府であり、ブリット氏はこの政府をアメリカの道具とし、〔国民党政権が〕アメリカに代わって中国人民を酷使し、アメリカのために犠牲にしてアメリカのために死なせようとしている。

第3節　中台分断のなかの民国期のリベラリズム

人民共和国の成立と『観察』知識人

　人民共和国が成立し、民国が台湾へ移ると、『観察』で活躍していたリベラリストたちは、中国、香港、台湾そして海外へと分散し、民国期のリベラリズムを各地に広げていった。

　『観察』の表紙に名前を公表した約80名の知識人は、その後の経歴が不明な8名を除けば、次のように整理できる。

まず15名は、1949年前後に香港や台湾、そしてアメリカへと渡った。一見すると15名という数字は少ないようにみえ、しかも、このうちの2名はその後に中国へと戻っていることから、民国期のリベラリズムはそれほど香港、台湾へと広がっていないように錯覚してしまう。

　しかし、この15名の内訳をみると、著名なリベラリストが数多く含まれており、実質をともなった移動がおこなわれていた、と評価できる。この15名には陳之邁、蕭公権、傅斯年といった国民党系の著名な学者や、蕭を含む国民党政権に近い立場から自由や民主政治の実現を訴えてきた知識人たちが含まれていた。たとえば、梁実秋がそうした知識人の1人である。

　そして、何といっても、この15名には、民国期のリベラリズムを定着させた胡適が含まれていた。要するに、詳細に検証するまでもなく、民国期のリベラリズムは、1949年に中国から台湾へと注ぎ込まれたわけである。事実、胡適は『自由中国』の創刊にたずさわり、この『自由中国』に関係した知識人たちは、憲政を凍結した国民党政権を厳しく批判した。興味深いことは、この批判的な『自由中国』の言説が政権内部の王世杰や雷震といった国民党内部のリベラリストにも共有されていたことだった。

　次に、『観察』知識人のうち、不明者を除いた残りの56名についてであるが、この56名は基本的に中国にとどまった。人民共和国を指導する共産党の立場からしても、自らの権力を安定させ、権威を浸透させるためには、むしろ『観察』の社会的影響力を活用したほうが得策だった。そこで、共産党政権は、人民共和国成立直後に早くも『観察』の復刊を容認したのだった。『観察』に残った関係者たちも、「今日の中国人民は、心の底から共産党と毛沢東主席を

擁護している。これは完全に自発的なもので、本心に基づくものである」と立場を表明した（本社同人「私たちの自己批判と活動任務と編集方針」『観察』第 6 巻第 1 期、1949 年 11 月）。

伏流する民国期のリベラリズム

確かに、このような『観察』の態度表明は、以前の迫力あるリベラリズムの実践からは程遠いものだった。しかし、『観察』は、復刊時点において、世論の立場から人民が政府機関を監督することを補助するとの基本姿勢も示し続けた（前掲「私たちの自己批判と活動任務と編集方針」）。事実、法政学者として著名な知識人だった銭端升は、社会主義の独裁体質とその危険性に警鐘を鳴らした（本書 68 頁参照）。また、「政府に公然と反対する自由」を訴えていた楼邦彦（『観察』第 4 巻第 22 期、1948 年 7 月）は、その権力批判としてのリベラリズムの精神性を行間に滲ませた文章（「都市における政権組織の形態を論じる」『観察』第 6 巻第 4 期、1949 年 12 月）を発表し、共産党から自己批判を迫られないギリギリの範囲で、政策の修正ポイントを指摘した。『観察』を中心に展開された 1940 年代後半の民国期のリベラリズムは、多分に人民共和国に残されたわけである。

人民共和国が成立した当初、共産党政権は社会主義へと到る過渡期として新民主主義の段階を想定し、1940 年代後半の中国における公共空間を即座に封鎖したわけではなかった。復刊後の『観察』も、新民主主義という政治条件のなかで活動できたわけである。

ところが、1950 年の朝鮮戦争を契機として、共産党政権は政治運動と思想運動を繰り返し発動して、国内の引き締めに取りかかった。こうして新民主主義が持続する可能性が急速に萎み、『観察』

図5　『観察』創刊号の表紙（左）と『新観察』創刊号の目次（右）（『観察』の毎号の表紙には Independent Non Party との表示があったが，『観察』が1949年に復刊した際には無くなった．この英語表記は，『新観察』の表紙にも当然に無い．かわって，『新観察』の目次の上方には，共産党を象徴する図柄が挿入された．）

も1950年7月に『新観察』へと改称されて、その人事が一新されてしまった【図5】。さらに、社会主義建設が1953年から急速にすすめられると、第三勢力——人民共和国成立後に共産党から「民主党派」と呼ばれるようになった——の1つである九三学社に所属していた儲安平は、そのリベラリストとしての本領を次第に発揮できなくなった。民国期のリベラリズムは人民共和国成立初期の1950年代早々に表舞台から消え去り、伏流を余儀なくされた（丸山昇2001；水羽信男2007）。

民国期のリベラリズムの再浮上と再伏流

ところが、1956年にソ連で激震が走った。いわゆるスターリン

批判である。このソ連での権力批判を容認する動きは、米ソ冷戦下の社会主義陣営を動揺させた。その影響は人民共和国にも当然の如く及び、「百花斉放、百家争鳴」(「双百」) と呼ばれる、上からの抑圧が政治的にも思想的にも緩められた時期が到来した。

　度重なる思想弾圧を経験してきた知識人たちは、当初はなかなか重い口を開こうとはしなかったが、共産党から繰り返し発せられる「双百」方針に徐々に期待するようになり、少しずつ発言するようになった。こうして、かつて『観察』にかかわっていた著名な知識人や民盟をはじめとする「民主党派」に所属していた政治家たちは、民国期のリベラリズムを髣髴させるような主張を再び表舞台で表明するようになった。たとえば、羅隆基は、1957年3月18日の中国人民政治協商会議の席上で、慎重な物言いながらも、果敢に次のように意見を表明した。

　　　党の指導をうけいれることは、党員個人の指導をうけいれることと完全に同じではない。党員個人の希望は、党の威信や名声と同じではない。個別の党員を批判することは、その批判が妥当かどうかにかかわらず、党に反対すること、さらには革命に反対することと同じではない (「党と非党員の知識人の団結を強化する」『新華半月刊』1957年第8期)。

　こうした批判的言説のなかで、最も象徴的だったのが儲安平による「党の天下」論だった。当時、民盟機関紙の『光明日報』編集長として活躍していた儲は、ジャーナリストとしての輝きを取り戻しつつあり、「民主党派」との長期共存と相互監督を呼びかけた1956年の共産党の方針にしたがって、次のように提言した。

　　　〔共産〕党が国家を指導することは、この国家を党が所有することとは違う。人民はみな党を擁護するが、自分がやはり

国家の主人であることを決して忘れていない。……国家の基本方針の下で、党外の人々は心から願って党とともに歩んできた。しかし、党とともに歩む理由は党の理想が偉大で政策が正確だからであり、〔そのことは〕党外の人々が自分の見解を持たない、すなわち自尊心と国家に対する責任感を持たないということを示しているわけではない。この何年か、多くの党員の才能と彼らの担当する職務との間にはギャップがあり、仕事ができないために国家に損害を与えたばかりか、人を心服させず、党と大衆の間の緊張を激化させてきた。しかし、その罪は、それらの党員にあるのではなく、なぜ党が相応しくない党員をその地位につけたのかが問題なのだ。党がこのようにするのは、「王土にあらざるなし」の考え方によるもので、そのために今のように一家天下の一色に塗りつぶされることになった。思うに、この「党の天下」の思想問題が、すべてのセクト主義現象の最終的根源で、党と党以外（「非党」）の間の矛盾の基本的原因である（「毛主席と周総理への幾つかの提言」『光明日報』1957 年 6 月／戴晴〔田畑佐和子訳〕1990 より訳文を引用）。

　まさに、リベラリストの面目躍如といった観がある。
　ところが、この儲安平の発言は、共産党の想定していた許容範囲を超えてしまった。プロレタリア階級（「左派」）を代表する共産党からすれば、政治運動や思想運動を繰り返してきたことで敵対勢力であるブルジョア階級（「右派」）の政治思想は根絶できたと考えられてきたが、儲の「党の天下」論は、ブルジョア階級による民国期のリベラリズムがいまだに残っていることを共産党に認識させた。そのため共産党は、「右派」を徹底的に根絶すべく、かつて

ないほどに大規模な思想弾圧運動を展開することになった。それが、1957年夏から始まる反右派闘争だった。当然のことながら、辛辣な共産党批判を展開した儲安平も、槍玉にあげられた。

この反右派闘争は、民盟の指導者だった章伯鈞や羅隆基らを弾圧の対象とし、1940年代後半に民国期のリベラリズムを経済思想の面から支えていた陳振漢らにも自己批判を迫った。経済学者の陳は、もともと1948年に北平（国民党政権期の北京の呼称）で創刊された『新路』グループ、つまり、リベラリズムとナショナリズムを表裏一体化させながら、ケインズからハイエクまで実に様々な経済理論を混然と受容したグループに属し、「双百」時には、社会主義経済の運用に近代西洋の経済理論や統計学の手法を活かすべきだ、と主張した。この1940年代後半の経済自由主義を連想させる主張は、反右派闘争時に直ちに弾圧の対象となった（久保亨2011）。

社会主義民主論と民国期のリベラリズム

反右派闘争へと舵を切った共産党は、中ソ間の亀裂が1950年代後半から徐々に深まり、中国独自の社会主義路線を追求するようになると、「大躍進」とよばれる急進的な社会主義政策を実施していった。しかし、この現実を顧みない政策は大量の餓死者をうむという結果に終わり、1960年代前半には急進的な社会主義建設の弊害を調整せざるを得なくなった。この調整政策の延長として、共産党は1962年春に反右派闘争を批判的に総括するようになり、犠牲となった数多くの「右派」の名誉を回復すると同時に、西側の政治思想に対する制限も緩和しようとした（本書193頁参照）。

もっとも、この思想緩和政策は続かず、文革が1966年から発動された結果、民国期のリベラリズムは再び徹底的に弾圧された。儲

安平も、この時に、命を落としたとされる。かつて儲は、共産党政権下では自由が有るか無いかの問題になると認識し、それでも人民共和国成立以後も中国にとどまって自分たちの世代が負うべき使命、すなわち「自己を犠牲にして、後の世代に幸福をもたらす」という使命を全うしようとした。しかし、その志半ばで、彼は生涯を閉じたのである。彼の無念は、いかほどだっただろうか。

　このように民国期のリベラリズムは、苦難の道の連続だった。だからこそ、共産党にとっての許容範囲である社会主義民主論を活用した、いわば迂回したリベラリズムの実践が模索されたのである。それが、文革中の1974年11月に壁新聞（「大字報」）として公表された李一哲「社会主義の民主と法制について」だった。李一哲とは李正天、陳一陽、王希哲の集団ペンネームであり、彼らは文革期の毛沢東体制を巧妙に批判しながら、「人民の民主的諸権利を真に保障する法体系を確立し、法治をおこなわなければならない」と訴えた。この「大字報」に対する反響は香港にもとどき、のちに王希哲が香港で発表した「プロレタリア独裁のために努力する」は、共産党に行政指導を放棄するように迫った文章として、つまり李一哲の「大字報」続編として大いに注目された（『七十年代』第116期、1979年7月）。

　もっとも、李一哲の「大字報」が、共産党政権に対してプラスの作用をもたらしたわけではなかった。しかし、改革をもとめる声は、社会の側からも急速に高まっていった。文革派の四人組を批判した1976年4月の民主化要求運動や、この運動を弾圧した第1次天安門事件から2年後に再び発生した、いわゆる「北京の春」とよばれた民主化要求運動がそうである。1979年3月、魏京生は「民主か、それとも新たな独裁か」と題した文章で、鄧小平が新たな独裁者

になることを警戒せよ、と訴えた。また、胡平(こへい)は、1970年代半ばに「言論の自由を論ず」を密かに公表し、その後に改稿を重ねながら、言論の自由の絶対性を主張し続けた（本書207頁参照）。ちなみに、魏も胡もその後に投獄や迫害の憂き目に遭い、幾多の苦難を乗り越えながら、アメリカへと渡った。

　以上のような政治背景の下、人治と法治をめぐる議論も活発化した。ここでいう人治とは、文革期の混乱した政治を引き起こした専制的な体制を指すマイナスの概念である。また、法治とは、その人治とは対極に位置し、社会主義法治、社会主義法制を確立しようとするプラスの概念である。儲安平の『観察』でも活躍した呉恩裕(ごおんゆう)は、民主政治の基本条件としての法の支配を1940年代後半から訴え続け（「法治と中国政治の改革」『東方雑誌』第42巻第15期、1946年8月）、1970年代後半の人治と法治をめぐる論争でも、かつての自身のリベラリズムを少しずつ表に出し始めた。ここでいう少しずつ表に出したという意味は、この時代にあって近代西洋の法学を「反動」の学問としてしか評価できなかったにせよ、それでもその内容を客観的に紹介することで、自身のかつてのリベラリズムを呼び覚まそうとしていた、という意味である（「西方の法学流派を略論する（下）」『社会科学戦線』1978年第3期）。

　このように『観察』のリベラリズムは、反右派闘争や文革という荒波をくぐり抜けて、1970年代後半から徐々に垣間見られるようになった。社会学者の費孝通(ひこうつう)や法学者の韓徳培(かんとくばい)といった『観察』で活躍したリベラリストたちは、1980年代以降に活躍の場を広げ、彼らの学術成果およびそれぞれが牽引してきた学問分野も、再評価されるようになった。

自由と統制の均衡を求めて──銭端升

第1節　法学者としての銭端升

権力内部の法学者

　銭端升（1900～1990／上海）は、ハーバード大学で博士学位取得後、1924年に帰国、1931年に国民党に入党した。北京大学、天津『益世報』、西南聯合大学[*8]、国民参政会[*9]などで活躍し、1940年代後半にハーバード大学の招聘に応じたが、人民共和国が成立する直前に再び帰国し、北京政法学院院長や中華人民共和国憲法起草委員会顧問などを歴任した。1952年に民盟に参加し、1981年には共産党に入党した。こうした経歴からもわかるように、銭は民国期には国民党に参加し、人民共和国期には憲法起草委員会顧問に抜擢されるなど、権力の外部にいた儲安平と比較すれば、明らかに権力に近い立場にあった。

　銭端升は、体制内部に身を投じた学者であり、実際の政治にも精通した、いわば現場感覚をもつ政治学者として人々の記憶に刻まれている。銭が国民党政権内部のリベラリストとして知られる王世杰と共同執筆した『比較憲法』（1936）や、彼が日中戦争期に著わした『民国政制史』（1939）は、今日でも読み継がれている名著である。ただし同時に、『比較憲法』という書名に加えて、人民共和国期の北京法政学院院長や憲法起草委員会顧問という肩書が物語って

いるように、法の制度化にも尽力した知識人であった。共産党政権が1954年に憲法を制定する際に法律顧問として招聘した人物はわずか2名だったが、そのうちの1名に抜擢されたのが銭端升だった。政治学者の銭は、民国期から人民共和国期にかけて法学者としての役割も期待されるようになった、ということである。

銭端升は、1930年代前半の「民主・独裁」論争や日中戦争期の憲政を求める運動（憲政運動）において、独裁を容認していた。そのため、銭は国民党政権寄りの独裁論者だ、と評価されてきた。ところが、彼の独裁容認論は、当時の中国を取り巻く内外環境に歩調を合わせただけであり、暫定的な主張でしかなかった、という見方も可能である。法学者としても活躍することになる彼の政治思想には、やはりリベラリズムの信念が息づいていた、ということである（謝慧 2010）。

この銭端升の政治思想の特徴は、たとえば日中戦争期の憲政運動を支えた『今日評論』に掲載された文章からも、十分に伝わってくる。

> わが国が抗戦を開始するにあたって、結局のところ独裁国家となるのかどうかは、一先ず措いておこう。我われが問うべきは、どのようにすれば勝利を得やすいのか、ということである。独裁に向かうのか、それとも民主政治（「民治」）に向かうのか。我われの答えは民主政治に向かうというものであり、政府の答えも民主政治に向かうというものである。……〔国民〕党と政府の機関も、一日も早く憲法を公布すると決定しており、我われはこれに反対できないばかりか、この既成事実の下、どのようなやり方が比較的にいいのかを考えるだけである。立憲の問題は、今日、すでに憲法を必要としているかどうかという問題ではなくなっている。なぜなら政府が

すでに必要だと決定しており、不要だとはいえないからである。……〔現在の立憲の問題は、〕いつ憲法を施行し、どのような憲法が最も相応しいのかという問題である。……〔もちろん、すでに述べたように、〕憲法をきちんと施行するには、総選挙が必要である。しかし、私は、戦時期に総選挙をおこなうことには反対する。たとえ総選挙をおこなったとしても、事実上「総」選挙にはならないからである。この一点をつけば、憲法をすぐに施行せよとするすべての議論を論破することができるだろう。だからこそ、憲法の施行は、抗戦が成功してからにすべきである（「憲法制定と憲法施行」『今日評論』第 3 巻第 21 期、1940 年 5 月）。

　ちなみに、この文章を掲載した『今日評論』は、銭端升が日中戦争期に創刊した政論誌だった。国民党から資金援助をうけていたとはいえ、民国期のリベラリズムの発展に貢献した雑誌として注目される。

戦時下の「自由と統一」論

　日中戦争期の銭端升は、戦時においては憲政の実施を急ぐべきではない、と主張したわけである。実は、このような主張の裏返には、蔣介石に対する信頼感があった。実際、戦時においては、信頼する蔣介石に権力を集中させれば良いとした（「〔国民党〕6 中全会に対する期待」『今日評論』第 1 巻第 3 期、1939 年 1 月；「戦時下の急ぐべからざる幾つかの政治事項」『今日評論』第 1 巻第 17 期、1939 年 4 月；「私たちが必要とする政治制度」『今日評論』第 4 巻第 15 期、1940 年 10 月；「党務を論ず」『今日評論』第 5 巻第 14 期、1941 年 4 月）。

しかし、繰り返し強調しておきたいが、このような言動は、個人独裁や一党独裁あるいは人治を永遠に肯定していたことを意味するものではない。実のところ銭端升は、法治を要求すると同時に（「政治の制度化」『今日評論』第1巻第7期、1939年2月）、「〔蔣介石が〕法治の精神と民治の精神に再び注意を払えば、5年後もしくは10年後に、真の民権を中国で実現することはそれほど難しくないだろう」と、日中戦争が始まった初期の段階から述べており、一貫して将来の民主政治を希求していた（前掲「私たちが必要とする政治制度」）。

　このような銭端升の核心的主張は、次のような言葉に濃縮されている。

　　我われが〔中国の〕統一を完成させるために払っている努力は、否定できない。しかし、我われは、思想の自由と表現の自由も、真の統一にとって必要な条件である、と考える（「統一と一致」『今日評論』第1巻第1期、1939年1月）。

　銭端升は、この文章において、「思想を一致させることは事実上不可能だ」と指摘した。だからこそ、「人民に一致を強いる言論は、統一にも有害である」とまで言い切ったのである。もちろん戦時下の自由の範囲は、西洋と同じように然るべき調整を必要とはするが、他方で国家は自由を制限する法を濫用しないように努力しなければならない。自由をめぐる争点とは、自由が必要かどうかという次元にとどまるようなものではない、ということである。だからこそ、別の文章では、次のように自説を展開した。

　　自由という言葉は、西洋では、もともと長く議論されてきた。しかし、その争点はただ自由の範囲であって、自由が必要かどうかではなかった。……

中国の今後の必要性を考えると、表現（「意見」）の自由は不可欠である。私は、本誌の幾つか前の号で、我われが必要なのは一党が政治を掌握する政治制度であり、その政党とは中国国民党でなければならない、と述べた。もし国民党がこの大きな責任を負うのであれば、全国の優秀な人材を吸収して、三民主義を実現することを自らの責任としなければならない。そして、もし全国の優秀な人材を吸収するのであれば、思想のある全国の人々に表現の自由を十分にもってもらわなければならない。〔彼らが〕自由な空間で三民主義の優れた点と適応性を示せれば、〔三民主義は〕国民党外の人々や無党派の人々にまで必ず届くからである。……

自由に反対する人は、中国は今まさに戦時期であり、戦時期には西洋の民主国家の人民さえもその享受する自由を制限されている、というだろう。これに対する私の答えは、こうである。今、自由に反対している人の多くは、抗戦時期だから自由は不要だといっているのではなく、根本的に自由を必要としていない。民主国家では戦時期に人民の自由を制限するが、それは戦争を妨害しないということに限られる。私は、戦時期に、国家が戦争を妨害する各種の自由、たとえば通信の自由や戦争に反対する言論を制限することには賛成である。ただし、制限する法は戦争のためであれば構わないが、法が濫用される可能性は小さくしておかなければならない。我われ中国の人々は、とりわけ国民党の人々は、次のことを自己点検すべきである。我が国が現在施行している各種の自由を制限する法令は、もともとすべて戦争のために制限しようとしたものなのか、それとも、その多くは〔自由を〕制限するた

めに〔法令を出して〕制限しているのか、と(「自由を論ず」『今日評論』第4巻第17期、1940年10月【図6】)。

こうして銭端升は、表現の自由をはじめとする自由の必要性を前提としながら、「自由と統一」の実現に向けて奮闘し、その実現を国民党政権下で果たそうとした。

ところが、銭端升の蔣介石に対する信頼感は、戦時期を通じて徐々に低下していった。彼は、蔣介石や国民党という特定の人ないしは政党による指導よりも、多様な集団による指導こそが「自由と統一」

図6 「自由を論ず」の原文

の実現には不可欠だ、と認識を改めていった(「銭端升教授の西南聯合大学における講演——中国は集団指導を必要としている」『新華日報』1945年8月)。このような国民党に対する不信感と、その裏返しとしての、共産党が提唱する連合政府論に対する期待感は、1945年12月に昆明の西南聯合大学で発生した国民党政権による弾圧事件やその翌月に開催された政治協商会議*10 に対する失望とともに、ますますあらわになった。

この時の銭端升は、共産党の人民民主独裁を肯定したわけではな

第2章 自由と統制の均衡を求めて 59

く、連合政府という一種の民主政治の形態に期待したのだった。日中戦争終結後の銭は、今後の世界が民主政治（「民権」）に向かうのは必然だとして、次のように述べている。

> 民権主義の基本概念は、人格の尊重である。人格を尊重したからこそ、自由と平等の観念と人々を政治に参加させるという観念が生まれたのだ。もし自由がなければ、人は人と成り得ず、牛馬や機械と変わらない。政治に参加できないのは自由と平等が達成されていないからであり、だから人格もまた尊重されない。人格の面からみると、古代の専制君主や貴族政治、そして現代の領袖主義（ドイツ人のいうFuehrerbrinzip）あるいは一党独裁は、すべて、民権主義の敵である。……今後、民権主義は、たとえ若干の国で敵に遭遇し、挫折したとしても、すべての人類社会からみれば、この約20年間にさらされたような脅威には二度と遭遇しないだろう（「今後の世界における民権建設を展望する」『民権建設のなかの世界と中国』中華書局、1947年1月）。

銭端升からすれば、このような世界の民主政治の潮流から外れていたのが、蔣介石の国民党政権だった。民国政治に対して悲観的観測を強めていった銭は、やがてハーバード大学の招聘に応じて、アメリカに渡った。

第2節　民国期のリベラリズムと法学の再編

民国期における純粋法学の受容

ところで、民国期のリベラリズムは、法学の展開とも不可分な関係にあった。というのも、一部の有力な政治家や学者たちは、民主

と憲政をキーワードにして法治のあり方を論じ、その下でリベラリズムの実現を目ざそうとしたからである。たとえば、ケルゼンの学説、すなわち純粋法学の受容がこの典型例であろう。

　ケルゼンは、法理論、公法学、国際法学、政治理論などの分野で活躍したオーストリアの法学者である。1919年にオーストリア共和国憲法を起草し、憲法裁判所を導入したことでも知られている。その彼が世界の法学者から脚光を浴びた理由は、彼が提唱した純粋法学理論にあった。この法理論は、規範と事実を峻別する新カント主義の二元論を背景にして、法学に倫理的価値判断や政治的価値判断を混入させることなく、実定法のみを取り上げることを主張した法理論だった。実定法そのものを純粋に認識しようとした彼は、規範概念によって国家理論や法理論を構築しようとし、規範こそがすべての上位に位置する原理だととらえたわけである。この純粋法学は根本規範を頂点とする法の段階説を導き出し、法の最上位に位置する憲法も根本規範によってその妥当性を獲得する、とした。この法の段階構造においては、当然の帰結として、国際法と国内法が1つの法体系のなかに位置づけられることになり、国際法は国家主権に優位すると結論づけられた。日本の法学者も、戦前か戦後かを問わず、ケルゼンの学説を受容し続け、たとえば横田喜三郎は早くも1935年に『純粋法学』を岩波書店から翻訳出版している。

　中国におけるケルゼン学説への関心の高まりは、どんなに遅くとも1920年代には始まっている。純粋法学に限定すれば、中国法学界は1930年までにはその概要を国内に紹介し、その後は主に日本を経由して受容していった。意外なことかもしれないが、日中戦争期に、横田喜三郎が翻訳した『純粋法学』が中国語に重訳され、それが1940年代に中国で出版された。中国語版『純粋法学』を完成

させた劉燕谷(りゅうえんこく)は、政治イデオロギーを含む一切から法学を解放することで、中国に法治を定着させようとした。その熱意と決意は、次のような訳者序言に表れている。

> 我が国の政治は、従来、人治を重んじて法治を軽んじてきた。法家は覇権の道具でしかないとしばしば排斥され、蔑まれてきた。近年、西洋文化の影響をうけて、法治の重要性が国内の人々によって徐々に知られるようになったが、〔人治を重んじてきた〕積年の弊害はすさまじく、〔法治を〕軽んじる偏見はまだ取り除かれていない。この偏見は実際の政治にも影響を与え、行政権の濫用となって現れている。また、学術面にも影響が及び、中国法学の遅れを招いている。……訳者である私は、この書籍を紹介することで、国内の人々が法学の理論研究に関心を向け、純粋法学が我が国の法学界において異彩を放つことを期待している(凱爾森〔劉燕谷訳〕『純粋法学』中国文化服務社、1943年)。

『観察』知識人と純粋法学

こうして日本を介して全面的に紹介された純粋法学は、1946年に中華民国憲法が制定され、翌年から憲政が実施されるにあたり、韓德培らによって、積極的に受容されるようになった。ちなみに、韓德培は、民国期のリベラリズムを代表する『観察』誌で自由を訴えた法学者であり、人民共和国成立後も武漢大学で国際法学者として活躍した。

韓德培は、「ケルゼンは法学の研究対象を実在する法、すなわち『実定法』(Positive Law)のみに限定して、いかなる政治的道徳的理想——いわゆるイデオロギー(ideology)——にも触れてはならない

と考えていた」と紹介し、「法とは一種の強制秩序であ」り、その根源は「根本規範」である、と正確に純粋法学を理解していた。しかも、ケルゼンの根本規範という発想が一部の法学者から批判されていたにもかかわらず、「もしケルゼンのいう前提をうけ入れるならば、彼の学説は少なくとも自家撞着には陥っておらず、非の打ち所がないといえよう」と全面擁護した。彼は、法学が絶対的に純粋なのかどうかも含めて検討の余地が残されているかもしれないとはしたが、ケルゼンの純粋法学は法学者がよって立つべき出発点だと評価したのであった（韓徳培「ケルゼンと純粋法学」『思想与時代』第47期、1947年9月）。

人民共和国の成立と中国法学の再編

以上のようなケルゼンの純粋法学に対する関心の高さは、人民共和国が成立した1949年以降は、表向きは途絶えた。純粋法学があらゆるイデオロギーから解放されていたとはいえ、新民主主義の段階であれ、社会主義の段階であれ、人民共和国においては、ケルゼンもやはり西側のブルジョア法学者と見なされたからである。しかし、それ以上に重要な原因は、学術教育体制の抜本的な再編にあった。1950年代初期におこなわれた「院系調整」とよばれる学術教育体制の再編は、政権批判につながりかねない政治学や社会学を廃止し、法学も社会主義法学に資する内容へと強制的に変更された（何勤華2006；韓大元2012）。

律学を発展させてきた中国は、清末になると、近代西洋の新たな学術教育体制を導入して法学をとり込んでいった。近代西洋の法学が伝統中国の律学と最も異なっていた点は、刑法と民法を区分することに加えて、「公法学、とりわけ憲法思想によって貫かれ

ていたこと」だった（王貴松 2018）。こうした特徴をもつ民国期の法学にかかわる主要な学術教育機関は、公立では北京大学法学院（前身は京師大学堂）、清華大学法学院、北平大学法学院、武漢大学法学院、私立では朝陽大学、キリスト教会系では東呉大学法学院だった。

ところが、民国期のこれらの法学機関は、人民共和国の成立とともに再編を余儀なくされた。共産党は、人民共和国の成立以前から、国民党政権下で作成された六法全書を全廃する方針を固め、人民共和国成立後の 1952 年には司法改革運動を全国規模で展開すると同時に、「院系調整」によって法学機関を再編していった。

具体的には、朝陽学院法学部を吸収して新設された中国人民大学法学部（1950）と東北行政学院を吸収して新設された東北人民大学法学部（1950）、また法学部として保留扱いとなった武漢大学法学院を除いて、すべての総合大学で法学部が廃止された。その際に、これらの廃止された法学部は、北京政法学院（1952）、華東政法学院（1952）、西南政法学院（1952）、中南政法学院（1953）へと吸収、統合されていった。つまり、中国の法学機関は、新民主主義段階において、わずかに 2 つ（ないしは 3 つ）の大学と 4 つの学院に集約されたのだった[*11]。

新民主主義段階における法学者の苦悩

民国期の法学の発展に貢献してきた学術教育機関は、人民共和国成立直後に、以上のように再編された。それでは、民国期のリベラリズムの一翼を担ってきた法学者たちは、新民主主義段階において、その政治思想をどのように展開したのであろうか。

新民主主義段階の憲法に準ずる文書は、共同綱領である。その第

41条は、「中華人民共和国の文化教育とは新民主主義、すなわち民族的で科学的で大衆的な文化教育である。人民政府の文化教育活動は、人民の文化水準を引き上げ、国家建設の人材を養成し、封建的で買弁的でファシズム的な思想を粛清して、人民に奉仕する思想へと発展させることを主要な任務とすべきである」と定めた。つまり、法学に照らしていえば、社会主義のソ連法学だけを一方的かつ教条的に謳っていたわけではなかった。

もちろん、「封建的で買弁的でファシズム的な思想を粛清」するという語句から推測されるように、民国期に日本、ドイツ、アメリカなどから受容された近代西洋の法学思想は自由に継承できなくなった。上述した純粋法学も、まさにこの一例である。かわって、ソ連法学が、中国人民大学法学部を中心にして受容されていった。

しかしながら、法学者たちの政治思想は、それほど単純な変遷をたどったわけではない。その代表例として、体制内部にいた銭端升に再び注目することにしたい。

第3節　人民民主独裁下の民国期のリベラリズム

銭端升の新民主主義論と「民主集中」制論

銭端升は、周囲からアメリカにとどまるように説得されたが、その制止を振り切って帰国した。おそらく銭は、連合政府による「自由と統一」の実現を夢見ていたからであろう。つまり、それがプロレタリア独裁を意味する人民民主独裁の体制下だったとしても、彼は新民主主義すなわち人民民主主義の革命戦線に大いに期待できる、と信じたのだった。「統一戦線、人民政権、共同綱領」(『観察』第6巻第1期、1949年11月) は、こうした意思を明確に示している。

一見すると、この文章は、民国期に自由を論じていた知識人が人民共和国期の人民民主独裁を支持することを宣言した、いわば無味乾燥な転向声明文にも映る。しかし、この文章は、彼が当時の政治環境のなかで慎重に言葉を選びつつ、自らの政治思想を大胆に告白した迫力ある文章として評価できる。

　銭端升は、共同綱領が労働者階級、農民階級、小ブルジョア階級、民族ブルジョア階級からなる人民民主統一戦線であり、人民共和国の政治的基礎が人民民主主義つまり新民主主義であることを前提としつつ、新政権の性格が今後も――社会主義に将来移行するまでは――変わらないことを確認するかのように、統一戦線と共同綱領の一体性を強調し、帝国主義、封建主義、官僚資本という「3つの敵」以外は革命の対象には含まれないことを念押しした。そして、次のように述べた。

> 彼ら〔中国人民政治協商会議のすべての代表と統一戦線を形成するすべての人々〕が要求し、うけ入れた共同綱領とは、必然的に新民主主義の綱領である。このことは、共同綱領が、ある1つの政党やある方面からだけの綱領ではなく、また、原則をもたない「共同」綱領でもないことを説明している。つまり、ある1つの政党やある方面からだけの綱領とは区別されるものであり、混ぜ合わせの綱領とも違うということである（前掲「統一戦線、人民政権、共同綱領」）。

　要するに、彼は、ある特定政党の原則ではなく人民民主統一戦線が決定した原則に基づいて、複数性の確保を求めたのである。

　したがって銭端升は、「民主集中」制を次のようにうけ入れたのだった。

> 人民民主独裁の4つの階級は複数の階級ではあるが、彼ら

の任務は同じである。それは、新民主主義の革命を完成させ、新民主主義の国家を建設することである。このように任務が同じであることから、政権の組織形態においては、資本主義国家にみられるような各種の権力分立の制度を採用することはできない。〔ただ、〕社会主義国家の民主集中制に倣うことができる〔だけである〕。……政府というものは、形式上どれほど民主的で、システム上どれほど整然としていたとしても、やはり完全に民主的であるわけではなく、ひどく混乱することもある。ただ民主集中制の下でしか、民主と効率は保障されないのである（前掲「統一戦線、人民政権、共同綱領」）。

銭のロジックからすれば、「民主集中」制とは、人民民主統一戦線の原則を効率よく実現しつつ、その同一の任務の下で、複数性を民主的に保障する政治制度だ、ということになる。

再び「自由と統一」を論ず

それでは、このような銭端升の新民主主義論が、なぜ大胆な政治思想の告白になっているのか。それは、民国期の法学が社会主義法学へと再編されていく過程にあっても、民国期に形成された「自由と統一」という自らの政治思想を、この新民主主義論に巧みに埋め込んでいたからである。

このことをもう少し丁寧に説明すると、次のようになるだろう。新民主主義段階における共産党政権の「民主集中」制は、複数性を謳いながらも、自身の原則を唯一の基準として、複数性を画一化させることに重点を置くものだった。これに対して銭端升の「民主集中」制論は、共産党政権の「民主集中」制という器を借りながら、人民民主統一戦線を形成する人民の論理に基づいて算出された原則

の下で、複数性を残そうとした、ということである。両者が想定する「民主集中」制と新民主主義とは、似て非なるものだった。

　だからこそ銭端升は、人民共和国成立後に共産党を支持しつつも、共産党の新民主主義に大いに期待し、それと抵触しない民国期以来の自らの政治思想を貫いた、と評価できよう。裏返していえば、彼は人民共和国成立直後の時点において社会主義の独裁傾向とその危険性――民国期の彼の言葉を借りるならば「人民に一致を強いる言論は統一にも有害である」――を警告したかったからこそ、新民主主義の理念をこれほどまでに重視したのである。

批判の自由

　このように、民国期からの延長線上に銭端升「統一戦線、人民政権、共同綱領」を位置づけるならば、この文書は、間違いなく、以上のような緊張感をもった政治文書として理解できるだろう。事実、銭端升は、朝鮮戦争を背景にして展開された各種の政治運動や思想運動によって新民主主義段階が揺らぎ始めたなかにあっても、自らの政治思想を堅持した。"How The People's Government Works"（『中国建設』〔英文版〕1952年第4期、1952年7月）では、当時の政治運動に一定の理解を示しつつも、批判の自由の大切さを依然として強調し続けた。

　　人民も、国家権力の主役として、なんら躊躇うことなく政
　　府を批判する。批判的意見を出すことは、時間と空間の制約
　　をうけない。……人民が政府を批判する力を持てば持つほど、
　　彼らはますます責任感をもって、最も相応しい人民を人民会
　　議の代表に選出しようとするはずである。そして、ますます
　　責任感をもって、その代表を通じて、最も相応しい人民を人

民政府の構成員に選出しようとするはずである。1952年前半に汚職や浪費、官僚主義に反対する運動が展開された時、政府内部で起こった政府批判や自己批判の実践は、新たに最高潮に達した。その結果、人民と政府の関係は、より緊密になった。

もしこの文書を額面どおりに解釈するならば、これは、銭端升が共産党のいう新民主主義論に迎合しただけの政治文書だ、ということになる。なぜなら、文中には「人民は人民政府のすべての機構が毛沢東主席によって正しくかつ英明に指導されていると認識し始めた」と記されているからである。しかし、銭が、「立法権と行政権の分離は考慮する必要がない」と述べ、人民が人民代表会議の選挙を介して人民政府に積極的に関与すれば、政治の効率が必然的に上がっていくと述べたのは、共産党政権の「民主集中」制の論理をそのまま鵜呑みにしたからではない。ここでの主張の前提は「国家の権利は人民に属する」という人民主権の論理であり、これが人民民主統一戦線の下で複数性を保障する最大のポイントだった。

だからこそ銭端升は、中国人民政治協商会議における様々な議論を「新中国〔人民共和国〕における人民民主の1つの良い予兆である」と期待を寄せ、各地の人民代表会議が各地の実情にあった統一戦線を形成して、人民政府を組織している、と強調したのだった（前掲 "How The People's Government Works"）。したがって、この奥底にある政治思想が民国期の「自由と統一」であることは明らかであろう。上記で引用した「批判の自由」も、この文脈から解釈されて然るべきである。

「右派」法学者

　以上のようにして、銭端升の政治思想の本質は、民国期から人民共和国初期の新民主主義段階へと引き継がれた。だからこそ銭は、新民主主義から社会主義への移行を象徴する中華人民共和国憲法の制定にたずさわったにもかかわらず、また、同憲法の施行後にブルジョア法学を全面批判したにもかかわらず（銭端升・楼邦彦『資産階級憲法の反動的本質』湖北人民出版社、1956年）、1957年に始まる反右派闘争において、最も代表的な「右派」法学者として弾圧されることになった[*12]。

　確かに銭端升は、体制外部から辛辣な政権批判を展開した儲安平と同列に扱われるリベラリストなのかと問われれば、明らかにそうではなかった。しかし、銭は、最も代表的な「右派」法学者として批判にさらされるほどに自由を重視していた、とも評価できよう。人民共和国の内部にも、民国期のリベラリズムの系譜に属する知識人が存在したことは、記憶にとどめておいてもいいだろう。

　その後、銭端升は、1960年代初期に「右派」のレッテルを外された。1962年のことである。ここで興味深いことは、この年に北京政法学院が銭端升『当代西方政治思想選読』を編纂しようとしていたことであった。反右派闘争やその後の「大躍進」政策が中国の政治、経済、社会に深刻な影響を与え、外交面でも中ソ対立が公然化していくなか、共産党政権は1960年代前半にあらゆる局面において調整を余儀なくされ、ソ連とは違う独自の社会主義路線を模索せざるを得なくなった。だからこそ共産党政権は、この時期に、銭端升ら「右派」を復活させ、冷戦下の敵対勢力だった西側の政治思想を再評価しようとしたのだった。

　この調整政策は1966年に始まる文革によって潰えてしまったが、

文革中の1970年代前半からその後の改革開放路線につながる議論が萌芽してくると、伏流していた民国期のリベラリズムは再び表に出てきた。

こうして銭端升は、1980年代前半に、自らの新民主主義論を再度提起して、以下のように人民民主独裁（「人民民主専政」）の意義を説いたのだった。

　　人民民主独裁（すなわちプロレタリア独裁）は、人類史上最高の形態の民主である。その本質と、それが歴史上のあらゆる搾取階級による専制と最も根本的に異なっている点は、人民をはじめて国家の主人としたことであり、人民に広範な民主的権利を与え、人民の利益を充分に保障し、人民の聡明な叡智を充分に発揮させたことである。したがって、人民の政権をきちんと建設する際の主要な問題は、人民民主独裁のポイントを強化することにある。すなわち、人民を正真正銘の国家の主人とすることにある。……〔改革開放路線への転換が公式に表明された第11期〕3中全会以来、私たちの党は人民民主を重視してそれを発揚するという良き伝統を回復し、人民の政治的民主と経済的民主およびその他の民主的権利を拡大し続けると同時に、法制を健全化させることで、〔人民の諸権利を〕確実に保障している。とりわけ、歴史条件の変化と政治情勢に由来する〔さまざまな〕要求に基づいて、知識人が労働者だということが明確に宣言され、知識人が工場労働者や農民と同じように主力と位置づけられるようになった。と同時に、愛国統一戦線はますます拡大し、国内外の民主愛国勢力の団結は強化された。これはつまり、人民民主独裁の基礎がさらに拡大し、さらに強固になった、ということである

（銭端升「人民民主独裁をさらに強化する」『中国政法大学学報』1983年第3期、1983年6月）。

　もしかしたら、「人民民主独裁をさらに強化する」という文章の内容が人民共和国成立時の銭の新民主主義論の延長にあるという指摘は短絡すぎる、という批判があるかもしれない。もしそうであれば、次のような事実も同時に付け加えておくことにしよう。すなわち、『観察』誌上で自由の重要性を説いた呉恩裕や韓徳培らの政治思想が1970年代後半から再び脚光を浴び始め、ケルゼンの純粋法学も再検討される対象になっていった、という事実である（本書53頁参照）。銭端升も、こうした政治思想の動向を背景にして、専制を批判するこの人民民主独裁論に、かつての「自由と統一」論を滑り込ませていた、と解釈できよう。

第3章 憲政の制度化を求めて──張君勱

第1節　現代儒家、立憲主義者としての張君勱

現代儒家として

　張君勱（1887～1969／江蘇省宝山〔現在は上海〕）は原名を嘉森といい、20世紀中国を代表する哲学者兼政治家兼憲法学者である。民国から人民共和国へと政治体制が変わると、マカオからインド、香港を経てアメリカに渡り、儒教文化を重視する現代儒家が集う香港に多大なる影響を及ぼし続けた。権力との関係から張の経歴をまとめるならば、彼は、1940年代の中華民国憲法の制定過程において、権力をもつ国民党政権に最も接近したが、それでも第三勢力の一員として国民党政権の外部からかかわったのであり、一貫して権力の内側には深く入らなかった、ということになる。

　一般に、張君勱は次のように理解されている。早稲田大学卒業後に帰国した張は、袁世凱批判を展開してドイツへと亡命した。その後、1918年末から梁啓超らのヨーロッパ視察団に同行して新しい学知に触れると、1920年代に中国論壇を賑わわせた「科学と人生観」論争において、「科学は人生観を支配できない」と主張した。こうした反新文化運動の精神は、欧米文化と中国文化の両方に根ざした独自の「近代」化論の模索へとつながり、この中国的「近代」化論の代表作が、『民族復興の学術基礎』（1935）と『明日の中国

文化』(1936) であった。それ故に彼は、西洋近代の諸価値や理論体系に精通しながら、儒教哲学をも再構築した現代儒家の 1 人だと見なされている。

立憲主義者として

ただし、張君勱は、文化と学術の領域だけで活躍したわけではなかった。もともと梁啓超に随って立憲活動を開始した張は、憲政運動と憲法制定にかかわる一連の政治過程においてこそ最も本領を発揮した。

蒋介石の迫害をうけて 1920 年代末に再びドイツへと難を逃れた張君勱は、1932 年に羅隆基らとともに国家社会党を密かに結成し、雑誌『再生』を創刊して自らの政治主張を展開した。彼は、国民革命期の『蘇俄評論』(1927) で明らかにしたように、社会主義とソ連に対して敵対的な姿勢を崩さず、だからこそ国家社会党の結成以後、国共両党とは一線を画す第三勢力の形成に尽力したのであった。日中戦争期には、民意機関としての性格をも併せ持つ国民参政会に参加し、第三勢力の連合組織（中国民主政団同盟）から発展した民盟の結成にも深くかかわった。国家社会党は、この民盟を構成する主要な政治団体の 1 つとして影響力を増し、日中戦争終結後に海外の民主憲政党を吸収合併して、民社党へと改変された。

こうして張君勱は、第三勢力の中核を為す政治家の 1 人として活躍するようになった。当時、日中戦争期の憲政運動が、国民党か共産党か、あるいは国家か社会かという対立構図を脱しながら様々な立場をこえて高揚し始めており、張はその運動と密接に連携しながら、国民参政会や政治協商会議を介して憲法制定に尽力した。強権的な中華民国憲法草案いわゆる五五憲草 (1936) を修正して、三

権分立の要素をより多く含むことになった中華民国憲法は、事実上、張の原案をもとに誕生した（薛化元 2010）。

憲法と憲政をめぐって

　以上が張君勱に対する通説的な理解である。しかし、張の政治的立場と政治思想に対する評価が定まっているわけではない。

　たとえば、張君勱は、民盟や共産党の反対を押し切って、1946年11月から12月にかけて憲法制定のための国民大会に参加し、悲願であった中華民国憲法による憲政の実施を1947年12月に勝ち取ったが、この政治過程で民社党と彼自身は民盟から除名されることになった。つまり、憲政の実施を公約に掲げていた国民党の歴史観からすれば、張の評価は高くなり、国民党の憲政を否定した共産党と多くの第三勢力の歴史観からすれば、張の評価は低くなるのである。

　また、張君勱は、現代儒家として民族主義的ないしは国家主義的だとみなされる一方で、近代西洋のリベラリズムと憲政論、憲法論を積極的に受容しており、この自由論および民主化論に対する評価そのものも揺れ動いている。つまり、彼の政治思想をどこまでリベラリズムとして評価できるのかという問題である。

　そこで、ここでは、以上のような通説的理解を前提としつつ、日中戦争終結後に中国で実践された戦後構想、すなわち中華民国憲法の制定と施行を、張君勱に即して概観することで、リベラリストとしての一面を浮き彫りにしたい。

第2節　海外留学経験と憲政論の特質

日本経験とドイツ経験

　張君勱は上海広方言館に入学し、12歳で外国語教育をうけた。上海広方言館は李鴻章によって設立された、いわば洋務運動[*13]の副産物として誕生した教育機関である。ここで優秀な学業を修めた張は、宝山県県試に合格した後、早稲田大学に留学した（1906〜1910）。日本留学時代には、おもに浮田和民の政治学から強い影響をうけた、といわれている。やがて辛亥革命の足音が迫ってくると、彼は、J.S. ミルの『代議政治論』を抄訳するなど複数の翻訳活動を介して西洋政治思想をますます受容するようになり、満洲族か漢族かを争う狭隘な民族主義を排しながら、革命ではなく憲政による改革を主張した。

　辛亥革命が勃発した後、袁世凱政権の内外政策を厳しく批判し始めると、張君勱はベルリン大学に留学した（1913〜1916）。張は、このドイツ留学で当初の修学目標を達成できなかったが、帰国後に再び反袁世凱活動に身を投じて、袁の専制政治（「帝制」）復活に反対した。この時に、のちの張君勱の憲政論の変質を考える上で無視できない論点が提起されている。それが反連邦制の主張であった（「連邦がダメな十の理由」『大中華雑誌』第2巻第9期、1916年9月）。この論文で張は、必ずしも中央集権制に全面的に傾斜した中央地方関係を主張したわけではなかったが、少なくともこの時点では、やがて中国各地を席巻することになる連省自治論とは一線を画す考え方を示していた。

　こうした政治活動、思想活動を経て第一次世界大戦後を迎えた張

君勱は、さらに決定的な転機を迎えた。張は、梁啓超のヨーロッパ訪問に随行して、その途上でドイツの唯心主義哲学者オイケンに師事し、その哲学論と中国の儒学との間に類似性を発見した。また、このヨーロッパ訪問時に見聞したドイツの社会民主党の政策理念が、のちの彼の「社会主義」観の形成に大きな影響を及ぼすことになった。彼は、梁啓超や張 東蓀のようにイギリスのギルド社会主義を積極的に紹介したわけではなく、また暴力革命を経たソ連に対しても否定的で、ソビエト制そのものに異を唱えていた[*14]。換言すれば、彼は、法の下の平等と民主政治を前提とするドイツ式の「社会主義」の実現を理想としたのであった（鄭大華 1997；潘光哲 2008）。

ワイマール憲法に対する評価

したがって、当然の帰結であるが、張君勱のワイマール憲法に対する評価は極めて高い。なぜなら、張からすれば、ワイマール憲法は個人主義と社会主義を調和し、ブルジョア階級とプロレタリア階級を調和し、議会政治とソビエト政治を調和した憲法だったからである。さらに、中央集権的国家制と連邦制を調和し、総統制と責任内閣制を調和し、政党政治（間接民主政治）と直接民主政治を調和した憲法だったからである。ただし、ワイマール憲法を全面的に肯定していたわけではないことも、併せて指摘しておかなければならない。たとえば、内閣が総統と議会との間で板挟み状態になり得ること、軍隊を民主的に治める仕組みとなっていないことについては、批判的であった（鄭大華 1997）。

1920 年代から 1930 年代にかけて張君勱は、以上のようにワイマール憲法を認識していた。このような正負両面を併せ持つワイマール憲法観は、のちに五五憲草から中華民国憲法へと憲法草案を

改変していく政治過程に対して、少なからぬ影響を与えた。

　さて、1920年代初頭に帰国した張君勱は、個人の自由と「社会主義」の実現を掲げて、総統制と内閣制を混合した憲法草案を作成した――公布は1922年8月――。この憲法草案がかつての張の憲法論と異なっていたのは、連邦制を支持して地方分権論を採用したことであった。また、自由と権利の規定をめぐっては、間接保障主義、つまり自由や権利を法によって制限し得る可能性を排除しない考え方の立場に立ちつつも、学術研究の自由については直接保障主義、つまり「法に依らなければ〜できない」という表現を憲法の条文から取り除くことで自由や権利を憲法で直接保障する考え方を採用し、絶対的な自由権を表明したことである。さらに、司法権の統一が目指されていたことも、同憲法草案の1つの特徴であった。これらはいずれも、のちの中華民国憲法の制定過程を読み解く上で重要な論点となっており、注目しておかなければならない。

個人と社会と国家

　以上が、1920年代半ばまでの張君勱の憲政論である。日本とドイツに留学した張は、一貫して反革命の憲政論者であり、ドイツのワイマール憲法から強い影響をうけた知識人だった。大胆に要約するならば、海外留学経験をもとに形成された彼の憲政論は、個人と社会と国家の三要素を並列させていたことに最大の特徴を見出せる。

　たとえば張君勱は、1920年代後半の国民革命期に、国民党が自由意思を尊重していないことを痛烈に批判すると同時に、ソ連を全面否定して共産党の革命闘争をも厳しく批判した。さきに確認したように、個人の自由と権利に関しても、直接保障主義を認めていた。ただし、ここでいう自由は、決して個人にのみ偏重していたわけで

はない。張は、ラスキの *The Grammar of Politics*（1925）を、自由主義（リベラリズム）と社会主義の矛盾を調整しながら、社会主義と個人主義の理想を同時に達成できる学説として、好意的に受容した。

また、社会と国家の関係に即していえば、張君勱は、連邦制を支持して地方分権化の合理性を認めるようになり、少なくとも国家最優先という立場にはなかった。しかしながら、自由と権利に関する間接保障主義に反対せず、司法権の統一を主張していたことからも分かるように、単一国家制の発想が皆無だったわけではない。儒教精神を再評価し始めた彼は、とりわけ満洲事変後に民族主義や国家主義をますます強調するようになり、儒教の盛衰が中国の民族的活力の盛衰の主因であるとさえ主張した（前掲『民族復興の学術基礎』、前掲『明日の中国文化』）。

こうした張君勱の思想的立場は、1930年代の「民主・独裁」論争や文化論争への関わり合いからも読み解ける。彼は、基本的に専制独裁論を支持しなかったが、胡適らの個人を重視する全面的近代西洋化論にも与せず、政府権力の集中に一定の理解を示した。

張君勱の憲政論は、中国文化に根差しながら、個人と社会と国家のバランスを図ろうとしたものであり、日中戦争期にもその枠組みを残し続けた。ただし、その基本的枠組みのなかにある個人と社会と国家のバランスの比重は、微妙に変化していくことになった。そして、その変化が、強権的な五五憲草をリベラルな中華民国憲法へと修正する際の、重要な力となった。

第3節　日中戦争期の憲政運動

行政権と立法権に対する理解の変化

　日中戦争期の張君勱は、「抗戦建国」をスローガンとする戦時体制の下で、民主と憲政を模索し始めた。その主張が体系的に示されたのが、『立国の道』（1938）だった。同書は、戦時中国における国家と民族の論理、そして伝統中国の文化的特質を重視しながら、法のみならず道徳をも最高原則に加えることで、欧米の民主政治を修正し、張独自の「社会主義」観にもとづく国家社会主義、分かりやすくいえば、国家の計画の下に公有経済と私有経済を共存させる経済システムを説いた。彼は、戦時下において胡適の西洋化論を再度批判して、中国文化をますます擁護するようになったのである（「胡適の思想界における路線を評論する」『再生』第51期、1940年10月）。つまり、個人の自由が重要であると認識しつつも、個人の自由が政府権力を弱体化させてはならないと考えて、民主政治の修正を試みたのである。個人と社会と国家の均衡を探る際に、行政権を強化しようとした志向性が、日中戦争以前と同様に、ここからは垣間見られる、ということである（鄭大華1997）。

　ただし、張君勱がソ連の政体や社会主義に対して、あるいはファシズムと形容される独裁政治に対して批判的であり続けたことも、併せて確認しておきたい。事実、毛沢東に宛てた公開書簡において、政治勢力としての共産党を全面的に批判している[*15]。前節で確認したように、張は、国家と社会の論理を絶えず最優先にしていたわけではなく、あくまでも個人と社会と国家の三者のバランスを総合的に整えようとしたのであり、時にはそのバランスのなかで個

人の論理を強調することさえあった。事実、行政権を重視する傾向にあった1930年代以来の彼の憲政論は、戦時下の憲政運動を経て、徐々に変化していった。この変化は、彼が1940年代に「社会主義」観を変容させていったこととも、つまり1930年代から自身が提唱していた国家社会主義を取り下げて、個人の経営の自由を容認し始めたことからも読み取れる（薛化元1993；鄭大華1997；同1999）。

張君勱は、1939年9月、国民参政会において国民党による訓政の終結と各政治党派の合法的保障を要求し、同会に設置された憲政期成会で、羅隆基らによって作成された五五憲草の修正案（「国民参政会憲政期成会五五憲草修正案」、1940年）にも積極的に関与した。張が説明責任者となったこの修正案は、行政院、立法院、司法院、監察院、考試院から成る五院体制の下で、行政権のあり方に変更を加えるもので、端的にいえば、立法権を強化する修正案だった（金子肇2001）。

公共空間の拡大

その後、張君勱は、国民党を批判したことによって、1941年12月から1944年9月まで軟禁生活を強いられたが、その拘束期間中の1943年10月に、他ならぬ国民党によって憲政実施協進会のメンバーに指名され、戦時下の公共空間の形成と拡大に貢献することになった。憲政実施協進会の設置は、日中戦争期の憲政運動を再び高揚させる一因となり、憲政を議論するための公共空間を戦後まで維持し、拡大する重要な契機となった（西村成雄2011）。

こうして公共空間が拡大するなかで、張君勱は、人民の基本的権利に関して重要な論文となった「人民の3つの基本権利の保障——身体の自由、結社と集会の自由、言論と出版の自由」を発表した

(『新中華日報』1944年1月)。この主張は、憲政実施協進会を経て政権内部に伝えられていくことになった。

「人民の3つの基本的権利の保障」と題されたこの論文において、張君勱は、憲政で保障すべき基本的権利として身体の自由、結社と集会の自由、言論と出版の自由を掲げた。たとえば、結社の自由については、刑法に抵触するほどに公共の秩序を乱した場合を除けば、基本的に容認すべきだと主張した。また、言論と出版の自由についても、出版法が定めた事後検閲を容認して政権側に譲歩したものの、事前検閲については全廃すべきだと主張した。

ここでとくに重要なことは、自由を制限するにしても、それは立法手続きを経た法、すなわち刑法と出版法によっておこなわれるべきであり、法治によって自由を最大限に保障しなければならないとする考え方が、張君勱の主張の奥底に流れていたことである。憲政を実現するために最も重要な条件は、法治を貫徹させることであり、だからこそ立法権をそれまで以上に重視し始めたと考えられる。

世界の人権論に対する認識

確かに、これら3つの基本的権利は、直ちに保障されるようになったわけではない。しかし、張君勱が個人と社会と国家のバランスに配慮しながら立法権の役割に期待するようになったのは、世界の人権運動の歴史的歩み、とりわけ第一次世界大戦から第二次世界大戦までの変化を再認識したからであった。

張君勱は、18世紀のロックやルソーらの人権論が「個人的、放任的、国内的」なものであったのに対して、今日の人権論は「社会的、計画的、国際的」なものへと変質しており、「どのように両者の人権論を合わせて、その両方の良いところを一度に得られるのか

を考えるべきだ」との人権観に立って（「2つの時代における人権運動の概要」『民憲』第1期第9号、1944年11月）、国民がどのように政府権力を有効的に監督し、自由を獲得するのかについて関心を示すようになった。無論、こうした認識の背景には、民主政治の勝利とファシズムの敗北という同時代の厳然たる歴史的事実が横たわっていた。

張君勱は、日中戦争の終盤に渡米してサンフランシスコ会議*16に参加し、その後もアメリカにとどまって、同国の憲法を精力的に研究した。そして、張は、日中戦争終結後にイギリスを経由して中国に帰国し、政治協商会議後の憲法制定活動で決定的な役割を果たすことになった。

第4節　中華民国憲法の生みの親

政治協商会議の憲法修正原則

1940年代後半の中国政治は、国民党の戦後構想、すなわち孫文の国家建設構想の最終段階である憲政の実施と、共産党の戦後構想、すなわち連合政府論に示されるような新民主主義段階から社会主義段階への緩やかな移行を主張する議論とがぶつかり合う場であった。この政治的対立は国共内戦と呼ばれる軍事的対立を再燃させ、しかも、この種の1940年代後半における政治的軍事的緊張関係は、米ソの対立を中国国内に呼び込む可能性をはらんでいた。だからこそ、米ソの二大超大国は、内戦を回避すべく国共の調停活動に乗り出し、中国国内で第三勢力と称された政治グループや無党無派の知識人たちは、国共両党の戦後構想を融合させるべく第三の道を模索し始めた。こうした内外環境の下で、まず1945年8月から10月にかけ

表1　政治協商会議憲法の修正原則の要約

項目	対象	主たる内容
1	国民大会	国民大会の権限を，事実上，総統の選挙と罷免および憲法の修正のみに縮小．実質的な無形化を図る．
2	立法院	国の最高の立法機関とする．直接選挙で選出し，その職権を民主国家の議会とほぼ同等とする．
3	監察院	国の最高の監察機関であり，間接選挙によって委員を選出する．
4	司法院	国の最高司法機関である司法院は大法官によって組織され，司法行政を兼担しない．大法官は総統に指名され，監察院の同意を経て任命される．中央と地方の各裁判官は党派から独立しなければならない．
5	考試院	（略）
6	行政院	国の最高の行政機関である行政院は，立法院に責任を負う．立法院が行政院に対して不信任案を提出した場合には，行政院院長が辞職するか総統に立法院の解散を請求する．
7	総統	緊急命令は行政院の決議を経た後に法に則って発し，1か月以内に立法院に報告しなければならない．
8	地方制度	省長は民選とし，各省はそれぞれの省憲法を制定し得る．
9	人民の権利，義務	直接保障主義とし，自由の制限を目的として法を使用しない．
10	選挙	（略）
11	基本国策	（略）
12	憲法改正	総統を選出する機関——事実上は国民大会——が立法院，監察院から提出された改正案を決議する．

出所　繆全吉編『中国制憲史資料彙編』（国史館，1989年，591-594頁）．

て重慶会談が開催され、その成果を踏まえて政治協商会議が開催された。憲政の実施が国民党の戦後構想の要であっただけに、必然的に、どのような憲法を制定するのかが大きな争点となった。

　この政治協商会議は、五五憲草を実質的に改変する憲法修正原則をまとめた（表1）。五五憲草の特徴は、孫文の三民主義と五権憲法[*17]に比較的に忠実で、民選の国民大会に権限を集中させていたこと、イギリスのような議院内閣制を採用せず、総統を中心とする行政権優位型の政治体制であったこと、自由と権利の規定が間接保障主義によって貫かれており、国権が人権に優位していたことである。曲解を恐れずに要約するならば、全国民の付託をうけた国民大

会が総統を選出し、その総統が政府五院、すなわち立法院、行政院、司法院、監察院、考試院を一元的に指導し得る、いわば独裁志向型の憲法草案だった。ところが、政治協商会議の憲法修正原則は、表からも分かるように、この五五憲草に対して重大な変更を加えることになった。

　では、この12項目の憲法修正原則は、誰を中心に起草されたのであろうか。実は、その人物こそが他ならぬ張君勱だった。だからこそ、修正原則の項目1・2・4・6・7・8・9は、ここまでに確認できた彼の憲政論とも親和的なのである。そこで、憲法制定史という観点から、これらの項目をさらに具体的に分析し、この修正原則にもとづいて作成された政治協商会議憲法草案が、中華民国憲法にどのように反映されたのかを確認していくことにしよう。

中華民国憲法の立法権と行政権

　まず国民大会は、修正原則の項目12によって、五五憲草と同様に、憲法改正権をもつことになった。ところが、項目1によって、実質的にその権限は縮小され、いわば無形化されることになった。孫文の遺訓をほぼ順守した五五憲草は、中央政府の選挙、罷免、法案提案（「創制」）、国民投票（「複決」）の4権を行使する中央政権機関として国民大会を設計していたため、この無形化案は、五五憲草に対する抜本的な修正だった。そのため、孫文の遺訓に忠実であろうとした国民党員は、政治協商会議後に開催された国民党6期2中全会で反撃に転じ、国民大会の本来の権限を取り戻そうとした。その結果、憲法制定のために開催された国民大会は、国民大会の権限を元に戻そうとする、いわば国民大会を再び有形化する中華民国憲法を取りまとめたのであった。この政治過程で、張君勱は、憲法

第3章　憲政の制度化を求めて　　85

の制定と民主政治の実現を勝ち取るために、国民大会の有形化に戦略的に譲歩したとされているが、実際のところ、中華民国憲法下の国民大会は、法案提案権と国民投票権の行使を事実上棚上げにしたため、表面的な有形化にとどまるものであった。このことは、憲法制定に尽力した国民党員の孫科が、立法院と同じように国民大会を立法機関化することに消極的だったことからも証明されよう。

つぎに行政院と立法院の関係は、修正原則の項目2と6によって、議院内閣制に相当する内容へと変更され、行政権優位型の五五憲草をやはり根本から見直すことになった。ただし張君勱は、多党制による政局の不安定化を回避するために、立法院の不信任投票に制限を加え、さらに行政院院長の立法院解散権にも制限を加えようとしたことから、通常の議院内閣制をそのまま制度化するつもりはなかった。別の見方をすれば、張は、三権分立にもとづく議会政治をそのまま制度化せず、「権力は総統にあり、責任は内閣にある」という発想を、修正原則の奥底に潜ませていた、と評価できよう（薛化元 2010）。事実、項目6は、立法委員が行政院院長や大臣職を兼任するとは明言していない。最終的に、中華民国憲法でも、立法委員は大臣職などの「官吏」を兼任できないとされ、総統が行政院院長を指名し、その他の内閣構成員を任命することになった。

中華民国憲法の議院内閣制

こうして中華民国憲法は、変則的な議院内閣制を採用した。

確かに行政院は、総統に対して五五憲草のようには責任を負う必要がなくなったが、立法院が行政院に対して不信任投票をおこなえなくなったのと引き替えに、立法院を解散できなくなった。つまり、項目6の内容は、中華民国憲法には十分に反映されなかった。

この制度的後退を民意という観点から整理し直すと、次のようになる。すなわち、行政院の正当性は民選の国民大会によって選出された総統に由来するだけであり、国民大会と総統を介して迂回してしか民意を調達できない行政院が、民意を直接反映する立法院をもってしても十分には牽制されなくなった、と。あるいは、間接的民意（国民大会→総統）と直接的民意（立法院）が２つの異なるルートを経て行政院で衝突するような、やや不安定な制度設計になった、と（薛化元 2010）。

　ただし、通常の議院内閣制がそのまま採用されなかったことを理由に、中華民国憲法が五五憲草の行政権優位型の構造をそのまま引き継いだとは評価できない。たとえば、中華民国憲法は、修正原則の項目７を活かすなどして、実質的に総統の権限を制限している。また、繰り返し強調しておくが、項目２のとおり、立法院を直接選挙で選出された委員によって構成すると改め、さらには監察院も、項目３に照らして、間接選挙によって構成されるとした。ちなみに、張君勱は、間接選挙で選出される監察院を、アメリカの上院に相当する組織だと認識した。自由と権利の規定についても、間接保障主義を主張する国民党内部の一部の強い異論を抑えて、原則的に項目９のとおり、直接保障主義を採用した。

　このように民主的な議会政治の色彩が濃くなり、中華民国憲法がリベラルな憲法になったことも、併せて確認しておかなければならないだろう。

中華民国憲法の司法権と地方制度

　また、司法院と地方制度についても、張君勱の憲政論と関連付けながら、簡潔に整理しておきたい。

まず、中華民国憲法の司法院に関する規定は、修正原則の項目4をほぼ反映した内容となった。張君勱によれば、司法院はアメリカの最高裁判所に類する機関となり、行政裁判のあり方も含めて考えれば、制度的には英米のように司法を一元化させたことになる。もちろん、それが実態をともなっていたかは別問題であり、また、行政院の司法行政部は、依然として、検察行政を含むあらゆる司法行政[*18]を担うと同時に、高等裁判所と地方裁判所も管轄することになった。これらの点は、張からすれば、大いに不満の残るところだった。しかし、以前から司法権の統一を主張してきた張からすれば、人権を保障するための司法の独立こそが何よりも重要であり、この点は中華民国憲法でひとまず実現できた、という理解だった。

　一方、中華民国憲法の地方制度に関する規定は、共産党などに配慮して作成された項目8の省憲法を認めず、その容認の範囲を省自治法のレベルに引き下げた。張君勱は、1920年代に連邦制を支持していたことから、このような政治判断に反対するかに思われたが、最終的には、省憲法を認めないこの規定を批判しなかった。というのも、修正原則を作成した張は、その直後に起草した憲法草案で、すでに省自治法という字句に置き換えることを容認していたからである（雷震〔薛化元編〕2010）。

張君勱と中華民国憲法

　以上のように、中華民国憲法は、張君勱を中心に作成された修正原則を、ある程度は反映させた。より正確に述べるならば、政治協商会議後に憲法草案審議委員会が組織され、そこでの議論の推移などを踏まえながら張自身が憲法草案を練り上げ、その草案をベースにして起草された政治協商会議憲法草案が、制憲国民大会において

中華民国憲法となったのである。

　確かに、中華民国憲法の民主的な内容の一部は、すでに1930年代に国民党内部から提案されていた（本書99頁参照）。したがって、中華民国憲法のすべての起点が、修正原則に求められるわけではない。また、政治協商会議後に招集された憲法草案審議委員会では、国民党員の王世杰が議論を先導し、その王の影響力は、招集者の孫科や著名な憲法学者だった王　寵　恵以上であった、ともいわれ
　　　　　　　　　　　　　　　おうちょうけい
ている（雷震〔薛化元編〕2010）。しかし、それでも、政治協商会議憲法草案が、修正原則と同じように、張君勱を中心にしてまとめられ、その草案が中華民国憲法の土台となったことから、やはり張の果たした役割こそが決定的に重要だった。

　この張君勱を中心にして起草された中華民国憲法は、国民党の戦後構想を体現したものであり、戦後改革に対する具体的な回答だった。しかも、この戦後構想と戦後改革は、英米のリベラリズムと世界に普遍な立憲主義を意識したものであり、戦後5大国の一員に列せられた中国がアメリカ主導の戦後国際秩序に適合しようとした、当然の政治的帰結だった。

　ただし、張君勱は、西洋政治思想で一般に語られている古典的リベラリズムから新型のリベラリズムへの変化を肯定的にうけとめ、第一次世界大戦後のワイマール憲法から強い影響をうけるなど、英米の古典的リベラリズムにのみ染まっていたわけではなかった。彼は、個人と社会と国家のバランスに配慮した憲政論を展開して、その自らの主張を中華民国憲法にも組み込んでいったわけである。と同時に、文化ナショナリストとして国家や民族の復興に人一倍強い関心を示した彼は、立法権を決して蔑ろにしたわけではなかったが（金子肇2011）、イギリス型の議院内閣制をそのまま採用せず、中

国独自の五院体制の下で行政権が弱くなり過ぎないことにも注意し続けた。

第5節　香港思想界に対する影響力

張君勱の政治思想の特質と香港

　張君勱の政治思想は、イギリスのリベラリズムとドイツの哲学思想と中国の儒家思想をミックスしたものだ、と評価されることがある（鄭大華 1999）。張のリベラリズムをリベラル・ナショナリズム（Liberal Nationalism）の枠内でとらえるべきか否かは議論の余地があるだろうが、この3要素が彼の思想的淵源であることは間違いない。したがって、この3要素をもつ彼は、世界のリベラリズムの動向も把握していた、とまでは確実にいえる。

　ところで、張君勱は、国民党政権の外部にいながら、国民党の戦後構想である憲政を実質的に実現させるという、少し不思議な政治家だった。しかも、だからといって張は、国民党にだけ加担したわけでもなかった。たとえば、内戦を回避すべく国共の調停活動に奔走していた彼は、中華民国憲法を制定するための国民大会には、自らが率いる民社党の組織的な参加を認めたものの、自らの参加については拒否した。内戦下での国民大会の開催に難色を示していた共産党や民盟をはじめとする第三勢力に対して、彼は最大限に配慮したわけである。

　だが、国民大会への組織的不参加を表明した民盟は、民社党を同組織から脱退させた。また、国民党の憲政を全面否定した共産党も、憲政移行期から実施期にかけて、たとえ張君勱個人や彼が率いる民社党が国民党政権の運営にたずさわっていなかったとしても、共産

党の戦後構想が現実味を帯びつつあった1949年に入ると、彼を戦犯の1人として名指しで批判するようになった。

　結局、張君勱は、国民党政権と一定の距離をおいたものの、自らの信念だった憲政の実現にこだわって中華民国憲法の制定に深く関与したがために、民盟や共産党からの反発を招くことになった。張は、中華民国憲法の権威を保つために、憲法改正をともなわない反乱鎮定動員時期臨時条項*19に反対しなかったが、この総統の独裁化を容認する条項に彼が反対しなかったことが、民盟や共産党からのさらなる反発を招いてしまった。

　こうした現実政治とのかかわり方が深く影響して、張君勱は、人民共和国成立直後に中国を離れる決心をした。しかし、張は、台湾に逃れることも躊躇った。なぜなら、台湾へ逃れた国民党政権は、中華民国憲法を凍結して独裁化へと向かうことが予想され、民国とは名ばかりになると考えたからである。そのため彼は、一時的に香港に立ち寄った後にアメリカへと渡った。渡米後の彼は積極的に自らの政治主張を発信し続けたが、結局のところ、彼が中華文明圏のなかで最も存在感を発揮し得る場所は、もはや香港しか残されていなかった。

香港の儒教思想とリベラリズム

　1950年代の香港には、国民党にも共産党にも与しない政治家や知識人が流れ着いた。張君勱が組織し運営してきた民社党や、その民社党とともに中華民国憲法の制定と施行に協力してきた青年党も、香港で活動を続けていた。

　こうした人々のうち、銭穆（せんぼく）、唐君毅（とうくんき）、牟宗三、徐復観（じょふくかん）ら現代儒家とよばれた一群の知識人たちにとって、張君勱は思想的支柱だっ

た。香港と台湾とを往来していた現代儒家たちの政治思想の傾向を一括りにはできないが、彼らは、伝統を否定する中国（人民共和国）に対して儒教思想の優れた点を訴えなければならないし、他方で、憲政を骨抜きにする台湾（民国）に対してはリベラリズムの貴さを訴えなければならない、という難しい局面に立たされることになった。要するに、儒教思想とリベラリズムを接合して、前者から後者を抽出しようとしたわけである。「文化自由主義」や「儒家自由主義」を概念化するということである（謝暁東 2008）。

徳治と法治

　このように香港に生じた特殊な環境が、現代儒家の立憲主義者だった張君勱を、特異な存在へと押し上げていった。張は、自身の政治思想を総括するかのように、自らが 1965 年 3 月にアメリカで創刊し香港でも発行した『自由鐘』（*Liberty Bell*）【図 7】において、「新儒家の政治哲学」（第 1 巻第 3 期、1965 年 5 月）などを次々と発表した。なかでも、第 4 巻第 5 期（1968 年 7 月）から連載された「民主政治の開始」は圧巻だった。この一連の文章で、西洋の民主制は立憲主義、民主主義のいずれの面においても中国の君主制よりも優れているとした彼は、自らと同じく現代儒家に属する銭穆の主張、簡単にいってしまえば中国の伝統政治を再評価しようとする議論を否定して、次のように述べている。

　　　私には 1 つの前提がある。すなわち、我が国は、善にもとづく政治（「善治」）において、最も完全な国になるだろう、ということである。もちろん、これは容易いことではない。
　　　いわゆる完全な国には、「四徳」が備わっていなければならない。「四徳」とは、すなわち、英知、強い意志、己に打ち克

つ力、正しい道理もしくは正しい情のことである(「民主政治の開始(8)」『自由鐘』第4巻第10期、1968年10月)。

要するに、近代西洋の「四徳」である英知、勇気、節制、正義を伝統中国の儒教概念に置き換え、儒教の説く道徳と欧米の民主国家に備わっている憲法を融合させた新型の国家構想を提起しているわけである。一言でいえば、徳治と法治の融合である。

民国期のリベラリズムが

自由中國協會緣起

中華民國成何狀乎? 清末以來, 仁人義士孳孳屹屹以造成之民國, 已改爲名號矣。戞然而入, 此豈美之大西縣, 亦爲國人之大不幸。依現狀言之, 一方爲大陸之中共赤禍, 惟力爲台灣之國民政府。大陸之中共, 自始傾向蘇聯, 其全權在俄, 改事無治、社會、與夫文化、一若封己固有傳統, 盡棄之無餘。共產黨員只以俄人之思想爲思想, 列寧、史大林主義是奉, 其所念念不忘者是解放台灣, 吞台灣之國民政府, 一統天下爲目的。此所爲對峙爭戰之局。是否除武力決勝外, 略無其他之道, 而能復歸於古先賢之訓乎? 此與方對峙爭戰之局, 台灣之國民政府, 則爲旁觀乎? 抑其能復歸於古先賢之訓乎? 此與古人所云「安國事之時, 則爭於道德」之境, 夐然隔世。旣未能武力決勝, 又無目的, 熟能不悶此爲世界文化之重鎭, 爲人類希望之所在。或曰: 「伊尹耕有莘之野, 樂堯舜之道, 非其義也, 非其道也, 祿之以天下, 弗顧也, 係馬千駟, 弗視也; 非其義也, 非其道也, 一介不以與人, 一介不以取諸人。」古有「舜其大智也與! 舜好問而好察邇言, 隱惡而揚善, 執其兩端, 用其中於民。」此豈不爲萬古之蓍龜, 而可推諸於我國之袖手、不勇、不忍乎? 孟子曰: 「人之患在好爲人師。」夫子曰: 「三人行必有我師焉。」是以民國之傳統, 乃知此其一人之生也直。

於此也。暨顯相見不敢忍乎?

今後中國的困難, 如何道而始解決? 吾人教父答覆曰: 「大誠能守惟心生則之差別, 承認事實之重可謂簡耳。政黨之可行與可守, 去主觀、抑情感, 掃私見、戒爭端, 平心靜氣, 尋求出路, 確乎必其難解決; 然正是非, 人情之眞者義; 政黨之可行與可守, 去主觀、抑情感, 掃私見、戒爭端, 平心靜氣, 尋求出路, 確乎必其難解決; 然

本乎上義, 吾人試回顧此際; 政府旣大陸退出, 而退守於台灣, 此爲事實而不能否認者之一; 政府旣大陸退出, 而退守於台灣, 此爲事實而不能否認者之二; 政府於美援之外, 必須力謀其自養, 此爲事實而不能否認者之三; 政府旣大陸退出, 而退守於台灣, 主權、人民皆不失, 亦不在家鄕, 此爲事實而不能否認者之四; 中共現事實而不欺其未之, 反欲求其入聯合國, 以實代陸之地, 人民, 主權, 不能不承認其政權矣。」大陸之土地、人民、主權, 亦不失於我也矣, 而此爲事實而不承認者五也。

然承認事實而不能不承認者之, 不能不求認此國事實之眞義。政府旣大陸退出, 而退守於台灣, 主權, 亦不失於我也矣; 此爲事實, 此爲事實而不承認者之一也; 政府旣大陸退出, 而退守於台灣, 人民, 主權, 亦不失於我也矣, 此爲事實而不承認者之二也; 政府於美援之外, 必須力謀其自養, 此爲事實而不能否認者之三也; 政府旣大陸退出, 而退守於台灣, 人民, 主權, 亦不失, 亦不在家鄕, 此爲事實而不承認者之四也; 中共現事實而不欺其未之, 反欲求其入聯合國, 以實代陸之地, 人民, 主權, 不能不承認其政權矣。大陸之土地、人民、主權, 三者既落於他人手中, 仍是居於的一致...

図7 『自由鐘』(*Liberty Bell*) 創刊号, 巻頭の詞

中台分断下の香港に以上のように注ぎ込まれたからこそ、現代儒家としての張君勱がこの世を去った後も、『自由鐘』は1970年7月に香港で復刊を果たし、「自由と民主政治を宣揚し、強権と暴政に反対する」との張の意志を流し続けたのだった。もちろん、だからといって、現代儒家が、1970年代以降も、香港や台湾で政治的、思想的、社会的影響力をもち続けたわけではなかった。東洋と西洋を超越して新たな哲学を構築しようとしていた牟宗三が哲学界に影響力を振るっていたことは間違いないが、それが実際の政治や社会を動かすまでには至らなかった。

その後、『自由鐘』は、台北に拠点を移して1980年代以降も発

行されたが、かつての張君勱のような思想的支柱を得られなかった。この政論誌が当時台湾で発行されていた体制内改革誌『八十年代』と比較して、反共の民国を政権の外部から民主化するのにどの程度の貢献を果たしたのかは今後検討しなければならない。

憲法による人権の保障を求めて——張知本

第1節　憲法学者としての張知本

政治思想の特質

　張知本（1881〜1976／湖北省江陵）は、清末に日本で学んだ憲法学者であり、国民党員でもある。1900年に官費留学生として法政大学に留学し、民法学者の梅謙次郎、刑法学者の岡田朝太郎、国際公法学者の中村進午らに学んだ。留学中に国民党の前身組織である中国同盟会に参加し、辛亥革命後には、早くも司法改革に意欲をみせた。

　張知本は、もともと天賦人権論に否定的だった（『憲法論』上海法学編訳社、1933年）。1920年代後半に国民革命が展開された際に、張は、「人民を専制の圧迫から解放し、自由と平等の領域へと引き上げる」ためには、国家による経済的、社会的コントロールが一定の範囲内で必要だ、と主張した。つまり、「個人の自由を絶対的だとする個人主義ではなく、社会の利益に重点をおいた社会主義」的な要求に応えなければならない、と考えた（「憲法草案委員会の使命および草案で研究すべき問題」『東方雑誌』第30巻第7期、1933年4月）。

　ところが、張知本は、社会主義の理念には共感しつつも、共産党に対しては一貫して厳しい政治態度で臨んだ。この反共的な姿勢は、

国民革命期に共産党によって暗殺されかけことにも起因しているようだが、それ以上に重要な理由は、共産党の独裁体質を毛嫌いしていたからである。また、「社会の利益を発展させるために個人の自由を尊重する」ともして、社会全体の利益は個人の自由と権利を基礎にすべきだ、と考えていたからである（前掲『憲法論』）。日中戦争期には、孫文の自由論を国家と民族の自由論に読み替える社会の風潮を厳しく批判した（「大戦後における世界各国の憲法をめぐる新しい趨勢（1942年）」国民大会秘書処編『憲法講話』国民大会秘書処、1961年【図8】）。

大戰後世界各國憲法的新趨勢

提要

一、戰爭是毀滅文化抑促進文化，各異其說。
二、第一次世界大戰由於資本主義發逢所致。
三、資本主義之兩柱爲自由競爭與私產制。
四、第一次大戰後，世界新憲法走上改良主義或社會主義之路。
五、第二次大戰亦因忽略其他戰爭因素而爆發。
六、第二次大戰結果憲法新趨勢應對民族自決與主權神聖均另有新意義。
七、我國戰後一定要與世界新趨勢相配合。
八、現代憲法所限制的自由，祗以財產契約之自由爲限。
九、今後中國憲法要保存中國的精華與學習現代的根本。
十、言論、出版、集會、結社之自由並非絕無範圍。
十一、憲法上要給予言論、出版、集會、結社之自由應加培植。
十二、中國人民之言論、出版、集會、結社之自由化，在過去，甚至於一直到現在，還有不少的爭論。主戰論者，是說。
戰爭是毀滅文化，抑是促進文化。

図8　張知本が日中戦争中の1942年に公表した「大戦後における世界各国の憲法をめぐる新しい趨勢」

張知本は、天賦人権論を否定はしたが、リベラルな価値をも重視した国民党員だったわけである。そして、張は、自らが重視するリベラルな価値を制度面から保障するために、1930年代から権力内部において憲法制定作業にたずさわり、その政治力を発揮した。

反蔣介石の憲法学者

張知本は、国民党と民国の創始者である孫文の三民主義を、欧米

世界でいうところのキリスト教精神のようなものだと解釈して、党イデオロギーを超越した中国で普遍化されるべきものだととらえた。そのため張は、国民党右派とよばれた党員たちとは良好な関係にあった。また、もともと独立独歩の姿勢を貫いていた彼は、党内の権力闘争の状況によっては、蔣介石と対立する李宗仁ら広西派を取り込むこともあり、汪精衛ら国民党左派とよばれた党員とも協力することもあった。おそらく唯一一貫していた彼の党内スタンスは、反蔣介石という点だろう。その理由は、北京政府期の地方有力者（「軍閥」）がたびたび中央政府に軍事干渉したことを批判していた彼が、軍権を握る蔣介石の独裁気質に失望するようになり、軍人としての蔣介石に不信感を募らせていったからである。

だからこそ張知本は、軍と政治の癒着関係を可能な限り遮断するために、現役の軍人や退役して3年以内の軍人を民国の元首である総統に就かせてはならないこと、「軍人は政治的な発言を公表してはならない」こと、にこだわった。この主張は、国家の権力を絶対的に無制限なものだとはしない彼の信念を、別の言葉で表現したものであった。この反軍権の考え方も、彼の政治思想の本質を貫いていた。

さて、国民革命の完遂によって蔣介石を中心とする国民党政権が成立すると、汪精衛ら国民党内の反蔣介石グループは、反専制と反共を掲げた中華民国約法草案、いわゆる太原約法を1930年に起草して、蔣介石の権力に対抗しようとした。この太原約法は、人権を積極的に保障しようとする内容を含んでおり、張知本がその実質的な起草者だったといわれている。

ところが、満洲事変という国難がもたらされると、蔣介石と汪精衛は協調するようになり、蔣介石も訓政から憲政への移行を見据え

て1933年に憲法起草委員会を立ち上げるに至った。この委員会の委員長には、蒋介石と権力闘争を繰り広げていた孫科が任命され、副委員長には、蒋介石を支持する英米法系の法学者呉経熊と、反蒋介石の姿勢を示す大陸法系の憲法学者張知本が任命された。憲法起草委員会は、まさに、絶妙な党内バランスの上に成立した。この政治的な委員会のなかで、張は憲法草案を練ることになった。

　張知本は、孫文の三民主義を国民精神だと解釈し、孫文のいう五権憲法を是が非でも実現しようとした。張は、直接選挙によって選出された国民大会から総統を選出し、その総統の下に立法院、行政院、司法院、監察院、考試院を設置する、とした。ここでは国民大会が五権の要であり、分かりやすくいえば、最高の権力機関だった。そして、人権については、憲法で直接保障することにこだわった。つまり、人権は「憲法の保障をうける」、「法に依って制限されてはならない」という字句を憲法に表記すべきだ、と主張したのであった。

国家主義、民主主義、立憲主義の調和

　このように三民主義と五権構想に忠実であろうとした張知本は、憲法学者らしく、近代国民国家の要件である国民、主権、領土のいずれにも強くこだわった。国民については、国民が最高の権力機関である国民大会を直接選挙で選出するとして、国民意識が明瞭に芽生えるようにした。また、国家の主権と領土の保全については、次のとおりである。すなわち、中国は帝国主義列強によって蝕まれてきたからこそ、憲法の条文には省名や都市名を具体的に列挙すること（「列挙主義」）が必要であり、国家の主権が踏みにじられることは許されない、と。この持論だけに着目すれば、張は間違いなくナ

ショナリストだった。

　しかし、張知本は、前述したように、国家権力を絶対的に無制限なものだとは定義せず、人権は憲法によって直接保障されなければならい、との立場を崩さなかった。つまり、大日本帝国憲法のように、人権が法に依って制限される可能性（「間接保障主義」）を遮断しようとしたわけである。

　もし民主主義が機能し、立法権を有する立法府（立法院）が民意にもとづいて法を制定できるのであれば、間接保障主義は人権を民主主義によって保障できることになる。簡潔にいえば、間接保障主義は、直接保障主義よりも民主主義的なわけである。しかし、張知本は、議会制民主主義を採用しているか否かにかかわらず、立法府の暴走に歯止めをかける仕組みが憲法には必要だと考えた。つまり、立法府の間違った判断を止める仕組みを憲法で制度化しておくことが大切だ、と考えたのだった。

　その方法は、張知本からすれば、2つあった。1つは、主権者の民意に最終判断を委ねる、というものである。具体的にいえば、主権者によって直接選出された国民大会が立法府の間違った判断を正せばよい、ということである。換言すれば、憲法改正権や憲法解釈権をもつ最高の権力機関としての国民大会を全民政治化せよ、ということである。もう1つは、万が一民主主義が暴走したとしても、立憲主義によって立法府の判断を跳ね返せるようにしておけばよい、ということである。具体的にいえば、直接保障主義を採用せよ、ということである。こうしておけば、民主主義の実態がどうなろうとも、人権は憲法によって直接保障されることになる。

　以上のようにして、張知本は、国民大会を最高の権力機関と位置づけながら、人権の直接保障主義も同時に採用せよ、と主張したの

だった。張は、間違いなく、国家主義と民主主義と立憲主義に折り合いをつけようとしたリベラリストであり、だからこそ、当時の世論も彼の憲法構想を好意的にうけとめたのだった。

　ところが、張知本の憲法構想は、1930年代には採用されなかった。同じく憲法起草委員会副委員長だった呉経熊の憲法構想が採用され、それが五五憲草の雛形となった。呉の憲法構想は、総統や行政院に権力を集中させる、いわば行政権優位型の独裁的な統治形態を想定していた。領土の規定についても、実際に統治している範囲が変更されるたびに憲法を改正することは好ましくないとして、領土は概括的に示すべきだとした（「概括主義」）。さらに、人権については、間接保障主義を採用した。彼は、法を信頼し、法治を重視していたからこそ間接保障主義を採用したのであるが、行政権優位型の権力構造の下で間接保障主義が機能するとは限らなかった。したがって、呉経熊は、張知本以上に国家主義に傾斜し、張ほどリベラリズムを重視していなかった、ということになる。

　この呉経熊の憲法構想は、権力の内部からすれば、満洲事変以降の国難にあって、現実に裏打ちされたものである、と好意的にうけとめられた。それならば、同じく権力内部にいた張知本は、国難にあってもなお、なぜ人権の直接保障主義にこだわったのであろうか。

　その理由の1つは、1910年代から1920年代にかけて民国の中央政府だった北京政府が地方有力者を抑えきれず、人権を憲法でしっかりと保障できなかったという、いわば北京政府に対する不信感があったからだった（前掲『憲法論』）。しかし、理由はそれだけではない。それは、張が憲政をめぐる同時代の世界潮流をどのように認識していたのか、ということとも大いに関係していた。

第2節　各国の憲政に対する評価と人権論——1930年代

憲政からみた世界のなかの民国

　まずは、一般的な世界の憲政潮流に対する理解を整理しておこう。
　19世紀以降、世界の憲政をめぐる潮流は、イギリスや戦前の日本のような立憲君主政と、アメリカやフランスのような立憲民主政とに大別された。中国においては、この二大潮流の激突が辛亥革命であり、立憲君主政をめざした清朝が立憲民主政を選択した民国に取って代わられた。

　もちろん、立憲君主政にも立憲民主政にも様々なタイプがあり、それぞれに対して賛否両論が渦巻いていた。たとえば、立法権優位型のイギリス政治を批判する者は、議会における「多数の専制」を問題視し、権力を徹底的に分立するアメリカ政治を高く評価した。だが他方で、抑制均衡型のアメリカ政治は機能不全に陥りやすいとして、イギリスの議会制（議院内閣制）を積極的に評価する者もいた。

　こうして20世紀前半の世界は、たえず理想的な憲政のあり方を試行錯誤していた。極めて単純化していえば、フランスは議会制に大統領制を混ぜ合わせ、日本は行政権を強化し、ソ連とワイマール憲法下のドイツは全民政治型の政治へと向かっていった。こうした世界の憲政をめぐる動向や北京政府期の政治の実態をふまえて、1930年代の中国は、行政権を強化するのか、それとも司法権を強化して立法権、行政権の暴走と軍の政治への介入を防ぐのか、あるいは三民主義と五権憲法を前提として国民大会に権力を集中させながら、立法権、行政権、司法権のすべての濫用を防ぐのか、といった点を争った。当然に、新たな憲政のあり方を模索するなかでは、

憲法解釈権がどこに付与されるのかも重要な争点になった。

1930 年代の中国と世界の憲政潮流

　辛亥革命後の中国の変革モデルは、ごく大まかにとらえると、フランスからロシア（ソ連）へと移った。1930 年代においては、第 1 次 5 カ年計画に対する好印象も手伝って、ソ連の社会主義がしばしば肯定的にうけとめられた。ソ連の社会主義憲法の何を積極的に評価したのかは判然としないが、「宗教を信仰しない自由を容認するか否か」をめぐる当時の議論がソ連憲法を強く意識していたことだけは間違いなかった。

　ただし、注意すべきは、ソ連への肯定的な評価は一枚岩ではなく、その一部は持続しなかった、ということである。ソ連への肯定的な評価は、1930 年代中国の国家的かつ民族的な危機への対応過程と連動するものだったが、社会主義の学理を深く吸収したものではなかった（鄭大華等 2008）。また、当時から全体主義という否定的なイメージも広がっていた（前掲『憲法論』：呉経熊「中華民国憲法草案の特色」『東方雑誌』第 33 巻第 13 期、1936 年 7 月）。

　そこで、ソ連の政体とは異なるが、しかし社会主義の理念をも実践できるものとして、イギリスやドイツの社会民主主義が注目を集めた。とりわけ、ドイツのワイマール憲法が国民の意思を反映するものとして、高く評価された。だが、この肯定的なドイツ観はワイマール憲法に対する限定的なものであって、プロイセン憲法やヒトラー政権を基本的には含んでいないため、持続的なドイツ観ではなかった。さらに、ヒトラー政権を生み出すことになったワイマール憲法下の全民政治は、当初からソ連の全体主義やイタリアのファシズムにもつながるとして、警戒されることもあった（張明養「ドイ

ツ反動勢力の連合政権」『東方雑誌』第30巻第5期、1933年3月；前掲「中華民国憲法草案の特色」)。

ところで、のちにファシズム勢力の一角を占めるイタリアについて、メディア界は、「ファシズムの唯一の主張は、社会主義を敵視すること」にある、と認識していた（「イタリアにおける新選挙の過程」『東方雑誌』第18巻第13期、1921年7月）。つまり、反社会主義の文脈においては、イタリア政治を肯定的に評価したのである。世界恐慌の前後の時期には、その集権的な財政、経済政策にも、一定の功績を認めようとした。しかし、ムッソリーニ政権を個人独裁や反議会政治と酷評する反イタリア観も、同時に根強く存在していた。とりわけ、エチオピア侵略以降のイタリアは、帝国主義勢力の一員として、ほぼ全面的に批判されている（徐有威等2008）。

以上のような反社会主義、反ファシズムの立場からすれば、アメリカの憲政やリベラリズムは、1930年代の中国にとって、1つの政治改革のモデルになり得た。たとえば、直接保障主義とは対極にある間接保障主義を主張した呉経熊は、その司法制度については、アメリカをモデルとすべきだと主張した。また、当時の中国は、アメリカの政治学からも大きな影響をうけていた（孫宏雲2005）。もっとも、ソ連の社会主義が全体主義とみなされる場合があったように、アメリカの個人主義、資本主義も、封建勢力と帝国主義の手先であると警戒される場合があった（葉青「全面的西洋化？植民地化？」『申報』1935年6月）。

このように1930年代中国の各国の憲政に対する認識は多様かつ可変的であり、そうしたモザイク状の認識の下で、「民主・独裁」論争が展開されたのだった。さらに、この時期に、美濃部達吉の天皇機関説が評価されるなど、日本の法学も依然として影響力を持ち

続けていた(中村元哉 2013)。

直接保障主義論とソ連観、ドイツ観、アメリカ観

　張知本の政治思想と憲法構想の特質は、すでに紹介したとおりである。ここでは、それらが、各国の憲政観とどのように結びついていたのかを整理しておきたい。

　張知本のリベラリズムは、天賦人権論よりも功利主義を彷彿させるものだった。ところが張は、その功利主義さえも「社会において極度の貧富の差をうみだし」てしまったと厳しく批判し、「それ故に、現代の憲法の多くは、ベンサムの個人的な功利主義を放棄して、社会改良主義へと向かった」と理解した。その際に彼の脳裏にあったのは、社会主義がソ連で実践され、世界のリベラリズムも第一次世界大戦後に社会権を重視するようになったため、ドイツで社会民主主義が好評を博した、という理解だった。なぜなら、個人の自由と平等をともに重視する世界の新たな思想潮流が、とりわけ労働者の権利を重視しながら、階級対立を緩和させる方向へと転換し始めていたからである。張にとってその象徴は、全民政治の１つの形態であるソ連政治であり、そのソ連以上に理想形だったのがワイマール憲法下のドイツ政治だった。

　張知本は、国内の政治勢力としての共産党を一貫して敵視し続けたが、ソ連の社会主義については、個人主義の弊害を是正する新たな潮流として肯定的にうけ入れた。ソ連の最高権力機関であるソビエトは、つきつめると、ソ連共産党の中央委員会へとたどり着くが、それが委員制を採用しているからこそ、個人独裁よりは民主政治の色彩を帯びている、と認識した。たとえソ連の政治がプロレタリア独裁だったとしても、プロレタリアが多数であるが故に、少数者に

よる独裁よりはうけ入れ易いとした。当然に、ソ連憲法が保障する自由と権利についても、否定的にはとらえていない。

　ただし、憲政への移行を大前提とする張知本は、国民党中央執行委員会から国民大会へと最高権力を移すべきだと考えており、憲政下の中国政治のモデルとしてソ連の政体を念頭にはおいていなかった（前掲『憲法論』）。むしろ、以下のような議会観を前提として、ワイマール憲法下のドイツの政体をより好意的にとらえていた。

　張知本は、ドイツの議会政治に直接民主政治の性格を見出し、国民の民意が議会政治を正しい方向に誘導し得る、と理解した。張からすれば、こうしたドイツの「国民的議会政治」は、政党によって容易にコントロールされてしまうフランスの「絶対的議会政治」よりも優れていたわけである（前掲『憲法論』）。当時から、ドイツもファシズム化する可能性があるとの警戒感が世界で強まっていたことを想起すれば、確かに張のドイツ観は、あまりにも楽観的だった。管見の限り、彼は、1933年のドイツの全権委任法やヒトラー政権に対して、何も言及していない。

　しかし、いずれにせよ、ワイマール憲法下のドイツ議会政治に対する好印象が、五権分立下の国民大会に対する期待感へとつながっていったわけである。なぜなら、五権分立下の国民大会は、民選であるからこそ最高の権力機関に相応しく、立法にかかわる諸手続きを専門的かつ技術的に処理するだけの、非民選の立法院に優位して然るべきだからである。したがって張知本は、立憲主義の要件である憲法解釈権を国民大会に付与すべきだ、と主張した。

　以上のような議会観を有する張知本は、ほぼ必然的に、立法院がもつ立法権の濫用にも細心の注意を払うことになった。こうした主張は、一見すると、法治と矛盾するかのようにみえるが、決してそ

うではない。なぜなら、行政権による自由の侵害しか防止できない間接保障主義の欠陥、すなわち憲法に抵触する法によっても自由が侵害されるという欠陥は、立法権が濫用されない仕組みをつくることでしか克服できないからである。したがって張は、ワイマール憲法型の全民政治化された五権憲法が国民に保障する人権の内容を直接明示しておいたほうが人権を確実に保障できる、と主張したわけである。「私は個人に偏重する自由権を絶対化しても差し支えないと思う。つまり、それを憲法で直接的に保障して差し支えないと思う」という直接保障主義に対する熱意は、中国で立憲主義を着実に根づかせ、法治を貫徹させるためだった。彼が直接保障主義にこだわり続けた理由は、一貫してこの点に求められる（前掲「憲法草案委員会の使命および草案で研究すべき問題」）。

　ここで注目しておくべき点は、この憲法論がアメリカ合衆国憲法も意識していたことだった。張知本は、「1791年のアメリカ合衆国憲法修正１条には、議会が法律を制定して言論、出版、集会、請願などの権利を制限することはできない」とあり、「立法機関が法律を制定して、国民の権利を制限できない」ことを正しく認識していた（前掲『憲法論』）。憲法によって人権を直接保障しようとした張は、この意味において、間違いなくアメリカ型の立憲主義者でもあった。

権力分立論と各国憲政観

　もっとも、人権を保障するために、立法権の濫用だけを防いでも不十分である。その大前提として、強権的な暴力性を有する行政権の介入と、そうした行政権の下で憲法や法令を恣意的に解釈する可能性のある司法権の介入も遮断しなければならない。世界の立憲主

義の出発点がそもそも権力の分立にあったことからすれば、当然のことである。張知本からすれば、立法権、行政権、司法権の不当な介入をすべて遮断して、人権を憲法で直接保障することは、20世紀型の新しい立憲主義のあり方を中国で模索することに他ならなかった。五権分立下の国民大会を民選とし、それを最高の権力機関とすることで、そこに憲法解釈権を付与したことは、まさにその表れだった。

　ここで、張知本の行政権と司法権にかかわる制度論についても、直接保障主義と関連づけて、幾つか補足しておかなければならない。

　まず、すでに指摘したように、張知本は軍権を含む行政権の干渉には神経をとがらせていた。張は、日本の大日本帝国憲法を反面教師として、緊急命令をはじめとする行政権の例外的な規定には一貫して反対した。戒厳令を敷くにしても、法に依拠することはもちろんのこと、民選の国民大会の承認も得なければならない、と主張した（前掲『憲法論』）。

　つぎに、司法権については、司法の独立こそが厳格な法治を中国社会に定着させ、そうした厳格な法治が地方自治に根差した憲政の地盤を築く、と主張した（「中国における司法制度の幾つかの問題」『中華法学雑誌』新編第1巻第5・6期、1937年2月）。これを張知本の憲法論に即してまとめ直すと、憲政を実現するためには司法の独立、すなわち司法官の地位の独立、司法官の職務の独立、司法判決の効力の独立こそが最も重要である、ただし、この司法権も最後には国民大会に集約される民意に従わなければならない、ということである（前掲『憲法論』）。

　もっとも、訓政下で当然視されてきた国民党の独裁気質が残り、さらには、そのような党よりも時に軍が力をもつような状況下に

あっては、張知本の説く司法制度が果たして実現可能なのかどうかは疑わしかった。張は、この点について、国民大会が司法院院長を選出し、その院長が司法院に属する最高法院院長を兼任する、最高法院の司法官は国民大会で選出される、とだけ主張した。つまり、民選の国民大会で国民党が多数の議席を占めた場合、司法が国民党によってコントロールされかねない仕組みだった。また、軍の司法への干渉を防止する手立てについても、とくに注目すべき発言をおこなったわけでもなかった。

しかし、司法と党の関係に絞っていえば、張知本は、国民大会を普通、平等、直接、秘密の選挙による民選とし、その国民大会の閉会中に設置される機関には国民大会代表「以外」を選出すること、つまり国民党員を優先的に任命することを想定していなかったため、国民党ありきの司法制度論を展開していたわけではなかった。国民大会を最高の権力機関とし、そこに憲法解釈権を付与するとした張の憲法論からすれば、司法の中核部分が国民大会によって制度化されることこそが肝要だった。張の憲法論にもとづく限り、いわば国民大会至上主義とでも呼ぶべき発想が、五院体制下の司法院に対する行政権と軍権の介入を遮断し、健全な司法制度の運用によって確立された法治精神が、さらに行政権と軍権の司法への介入の幅を狭めるはずだ、ということなのだろう。

第3節　各国の憲政潮流に対する認識と人権論
――1940年代～1950年代

1940年代の中国と世界の憲政潮流

さて、直接保障主義を主張した張知本は、世界各国の憲政に対する認識を、第二次世界大戦を通じて変化させたのであろうか。とい

うのも、張の憲法論が1930年代に依存していたドイツのワイマール憲法は、その後にヒトラーの独裁政治を生み、第二次世界大戦で中国とは敵対する関係へと変化したからである。それでも彼は、依然としてドイツをモデルとしたのだろうか。それとも、各国に対する憲政観を変化させながら、直接保障主義を含む自身の憲法論を柔軟に変化させたのであろうか。彼の1940年代における各国の憲政に対する認識を、1930年代のそれと比較しておく必要があるだろう。

一般に、1940年代の中国は、対外的には、アメリカを中心とする新たな国際政治の展開を見越して、自由と民主政治を追求し始めた。もちろん、こうした趨勢は、ドイツ、イタリア、日本といったファシズム勢力に対抗するというロジックにも支えられており、表面的な改革の志向性に過ぎなかった場合もある。しかし、それでも、1940年代の中国は、自由競争に傾斜した古典的なリベラリズムを警戒して、第一次世界大戦後の経済的かつ社会的な平等を実現しようとする新たなリベラリズムに共感していった。

つまり、1940年代の中国は、ハイエクの経済思想を受容し、国民党機関紙の重慶『中央日報』が日中戦争終結後の基本路線として自由主義経済を掲げるなど（胡秋原「政治的民主と経済的自由」重慶『中央日報』1945年6月）、経済的な自由を重視する一方で、やはり「政治的自由と経済的平等（「民主」）」という一言に象徴されるように、世界の新たなリベラリズム潮流に順応しようともした。当然に、このような政治思想の傾向は、社会民主主義の考え方とも重なり合うものであり、だからこそ第三の道が1940年代の中国において模索されたのだった。

こうして1940年代の中国は、アメリカや西欧諸国の三権分立論

を射程に収めたリベラリズムと、ソ連や東欧諸国の経済、社会の平等をめざす社会主義とを、どうにかして調和させようとした。しかし、その調和は極めて困難であり、やがて2つの路線が対立することになった。実際、五五憲草よりもはるかに立憲主義的でリベラルな憲法となった中華民国憲法が制定され、同憲法による憲政がスタートしたにもかかわらず、その憲政の道は、国共内戦と米ソ冷戦という内外環境の下で、社会主義の革命の道に取って代わられた。

張知本の憲法論とドイツ観、ソ連観、日本観の変容

張知本は、戦争の最中の1942年に、戦後の世界各国の憲法が「民族の自決と神聖なる主権に対して、新たな意義を追加しなければならなくなるだろう」と早くも予見していた。つまり、第一次世界大戦後の世界各国の憲法が資本主義の自由競争と私有財産制に制限を加えたとするならば、第二次世界大戦後のそれは、民族の自決と神聖なる主権を保障し、国際平和の構築に貢献しなければならない、と主張したのだった（前掲「大戦後における世界各国の憲法をめぐる新しい趨勢」）。

ここで重要なことは、張知本がドイツとソ連と日本の憲政をどのように観ていたのか、ということである。

張知本は、第一次世界大戦後に新しい憲法の趨勢を生み出したドイツとソ連のうち、ドイツに対しては、第二次世界大戦勃発後に、日本やイタリアとともに、世界を顧みない利己的かつ妄想的な覇権主義へと陥っていった、と完全否定するに至った。だとすれば、張の直接保障主義を制度的に支えていた全民政治のモデル、つまり五権分立下の国民大会制のモデルは、ドイツからソ連へと移ったのであろうか。

実は、そうはならなかった。張知本は、言論、出版、集会、結社の自由が戦時に無制限であってはならないとしたが、戦後に入ると、戦前と同じように、これらの個人にかかわる自由権を絶対化しても差し支えないとし（「憲法において協議すべき幾つかの問題（1947年）」前掲『憲法講話』）、人権を憲法で直接保障することで民主政治の基礎を固めなければならない、と再び主張し始めた。したがって、彼にとって、ソ連の政体は中国の参照すべきモデルとは成り得なかった。「ソ連の国事は、スターリン1人によって決定されている。まるで〔名誉革命以前のヨーロッパにおける〕『人治』へと回帰したかのようである」と、ソ連を酷評した（「憲政と政治思想から憲法を研究する（1944年）」前掲『憲法講話』）。

そして、もう1つ注目しておくべきは、張知本の日本観である。彼の日本観は、変わる可能性があった。それは、どうしてか。

張知本は、第二次世界大戦終結まで、敵国の日本を肯定的には評価しなかった。しかし、戦後の日本の憲法が、張の考える戦後世界の新しい趨勢、つまり国際平和の実現を目指すという趨勢に合致するのであれば、日本に対する評価を自ずと好転させることになる。張の世界各国の憲政に対する判断基準は、戦後の新たな憲法の趨勢に合致しているか否かの一点にあり、彼の主観や価値観によるものではなかった。ちなみに、ドイツに対する評価も、戦後に同じように好転させる可能性があった（前掲「大戦後における世界各国の憲法をめぐる新しい趨勢」）。

民国の渡台前後における五権分立論と直接保障主義論

こうして張知本は、ドイツ観とソ連観を第二次世界大戦中に悪化させていった。それ故に、張は、1940年代に入ると、直接保障主

義論の要に位置する国民大会制を、世界各国の憲政潮流と関連づけながら擁護できなくなった。だからこそ、彼は、単調な発想にならざるを得なかった。すなわち、孫文の三民主義と五権憲法の先進性、優位性を力説するほかなくなったのである。彼は、中華民国憲法の制定時に、五五憲草を改変して国民大会の権限を著しく弱めようとする動き、つまり三権分立型の憲法論を移植しようとする動きを牽制するために、五権憲法を全力で擁護した（「五権憲法を認識する（1946年）」前掲『憲法講話』）。

　しかし、五権分立論の根拠を各国の憲政観から導き出せなくなったからといって、彼の直接保障主義論が世界各国の憲政潮流から完全に切り離されてしまったわけではなかった。張知本は、戦後に入ってからも、自らの直接保障主義論と世界各国の憲法の動向との間に新たな接点を見出そうとしていた。

　上述したように、張知本は、国際平和の理念を掲げることが戦後の新しい憲法の趨勢である、と考えていた。これが戦後に憲法を制定する際の第1の条件である。さらに、戦後の憲法の趨勢には、社会的かつ経済的な平等を実現しようとしてきた第一次世界大戦以降の潮流に加えて、自由と権利を持続的に発展させるという第一次世界大戦以前からの潮流も含まれなければならない、とした。個人の自由も重視せよ、ということである。これが第2の条件である。

　それならば、この2つの条件を満たす憲法は、直接保障主義を採用した中華民国憲法を除けば、どこの国の憲法なのか。張知本からすれば、それは、戦後に制定されたフランス、パナマの憲法と西ドイツのドイツ基本法であり、さらには日本の憲法いわゆる日本国憲法だった（「第二次世界大戦後の各国における憲法の新しい趨勢（1953年）」前掲『憲法講話』）。

こうして張知本は、リベラリズムの発展に寄与する自らの直接保障主義論が、戦後の世界における新しい憲法の趨勢とも合致している、と強調したのだった。

中華民国憲法と日本国憲法

中華民国憲法は、確かに、間接保障主義の性格を有する条文、すなわち「以上の各条に列挙した自由および権利は、他人の自由を妨害することを防止し、緊急危難を回避し、社会秩序を維持し、または公共利益を増進するために必要がある場合を除いて、法によって制限することはできない」（第23条）とし、この条文が人権の保障を不完全なものにする、と当時から批判されてきた。しかし、張知本は、類似の条文は1948年の世界人権宣言や1949年のドイツ基本法にも含まれている、と反論した。ここでも、戦後世界の新しい憲法の趨勢と合致している、と繰り返したわけである。とりわけ興味深いことは、張が日本国憲法の「公共の福祉」論とも同質だと説明したことだった。

張知本は、1950年代初頭になってもなお、「『天賦人権』の学説は修正されるべきだ」と繰り返し表明していた。多くの人たちからすれば、張は国民党政権を内部から支えた憲法学者だっただけに、彼がこのように持論を展開すればするほど、中華民国憲法の直接保障主義はやはり名ばかりであって、中華民国憲法の間接保障主義の性格が全面に押し出されることによって人権がますます制限されるのではないか、と疑った。

しかし、中華民国憲法の特徴の1つは、人権を概括的かつ最大限に保障したことだった。つまり、憲法に具体的に列挙されていない各種の自由権は、「おおよそ国民のその他の自由および権利は、社

会秩序と公共の利益を妨害しなければ、均しく憲法の保障をうける」（第22条）とあるように、概括的に憲法で直接保障されるようになった。これは、憲法に列挙されていない自由権を法によって制限しようとした、かつての五五憲草の間接保障主義（第24条）とは、決定的に異なっていた。こうした中華民国憲法の特徴を前提とした上で、張知本は、さきの条文にあった「社会秩序と公共の利益を妨害しなければ」という字句は、日本国憲法にもみられるものであり、世界のスタンダードでもある、と主張したのだった（前掲「第二次世界大戦後の各国における憲法の新しい趨勢（1953年）」）。

台湾における憲法論

張知本は、国民党政権が台湾に逃れ、中華民国憲法にもとづく憲政が実質的に凍結された政治情勢下にあっても、体制内部の国民大会憲政研討委員会常務委員や中国憲法学会理事長などの立場から、中華民国憲法を、彼が本来想定していた五権憲法に何とか引き戻そうとした（「五権憲法を再認識する（1950年）」前掲『憲法講話』；「民生哲学から憲法を研究する（1952年）」前掲『憲法講話』；「五権憲法の研究（1953年）」前掲『憲法講話』）。一見すると、立憲主義でリベラルな中華民国憲法を、一昔前の五権憲法に改正しようとする姿勢は、体制内部の反リベラリズムを象徴しているかのようにも映る。

しかし、張知本からすれば、彼が本来想定していた五権憲法は、どんなに古臭かったとしても、国民党が共産党との内戦に勝利し、民国が大陸反攻を果たすためには、絶対に不可欠な憲法だった。なぜなら、かみ砕いていえば、そもそも五権憲法を提起したのは孫文であり、その孫文が民国を創始したことから、台湾の民国が孫文の

五権憲法を遵守してこそ、中国の統治者としての正統性を堂々と国内外に向けて主張できる、と考えたからである。そして、彼の想定する五権憲法は既述してきたようにリベラリズムを重視するものであり、反リベラリズムの人民共和国に対して民国の正統性をアピールできるからである（前掲「五権憲法を再認識する（1950年）」；「世界で最も先進的な憲法学説——国父孫文先生が発明した五権憲法」『大陸雑誌』第14巻第6期、1957年3月）。

　台湾に移ってからの張知本は、いかにも天賦人権論を否定していた彼らしく、自由を無制限なものとはみなさなくなった。また、人権の直接保障主義を擁護する際に、1930年代のようにアメリカ合衆国憲法と結びつけて論じることも少なくなった。しかし他方で、「立法が憲法の制限をうけなければならない」としたドイツ基本法を高く評価して、1950年代においてもなお、立法権の暴走によって人権が侵害されないようにすることが肝要だ、と説き続けた。つまり、直接保障主義の理念を堅持したわけである（「第二次世界大戦後の各国における憲法の新しい趨勢（1953年）」前掲『憲法講話』）。このことから、張知本は五権憲法に立憲主義を貫徹させ、直接保障主義によってリベラリズムを実践しようとした体制内部の憲法学者だと評価することは、間違っているだろうか。彼は、1950年代以降に公表したと思われる講演原稿で、実際、次のように主張している。

　　民主政治と法治の正常な状態こそが、憲政です。現に、各国の憲法を確認してみて下さい。現代の民主国家の憲法は、基本的に、ある共通点をもっています。それは、憲法を国家組織を規定した文書とみなし、人民の権利を保障した文書とみなしている、ということです。……

自由を制限することについていえば、各々の自律に任せることはできません。やはり、他律が必要です。しかし、この他律が少数の特殊な個人や団体によって決められたとすれば、そのこと自体が自由の原則に違反することになります。自由は、いかなる特権の存在も許しません。では、どうすればいいのでしょうか。その答えは、民主政治しかない、ということです。人類は自由のために奮闘し、その最初の勝利は、自由と民主政治を結合させたことでした。その結果、民主政治は日に日に発展したのです。こうして立法権が拡大し、法治をもつ政府が樹立されました。つまり、人類が自由のために奮闘した第2の勝利は、法治です。……
　しかし、法治が実際に機能するためには、その名前だけを踏襲してもダメです。ソ連には憲法があり、その憲法は荘厳で感動的ですが、人民には自由はなく、かりに有ったとしても、それは奴隷の自由でしかありません。なぜなら、ソ連の憲法は独裁の上に成り立っており、それがいう法治は、独立した強固な司法を保障していないからです。……
　……真の自由とは、民主政治と法治が結合したものなのです（「自由を憲法で保障することと自由の真の意義」張知本先生九秩嵩慶籌備会編印『張知本先生言論選集』1969 年）。

しかしながら、台湾政治の現実は、非情だった。張知本のような体制内部の国民党員兼憲法学者がいたにもかかわらず、国共内戦と米ソ冷戦という苛酷な政治環境にあった台湾では、中華民国憲法はそのまま運用されることはなかった。台湾での憲政は事実上凍結され、人権侵害が続いた。張らは、本来あるべき姿の憲政を、台湾で実現できなかった。民国期のリベラリズムを台湾で支え、それを発

展させていったのは、国民党政権の外部にいた人々もしくは外部に飛び出していった人々だった。

第 2 部
中国、香港、台湾における連鎖

第5章 文化論としてのリベラリズム——殷海光

第1節　伝統中国と近代西洋の間を揺れ動く反権力者としての殷海光

権力外部のリベラリストから権力内部の反リベラリストへ

　殷海光（1919～1969／湖北省黄岡）は、キリスト教徒の家庭で育ち、古典教育をほとんどうけなかった。殷よりも一回り上の世代にあたる新文化運動世代ないしは五四運動世代は、中国の古典の素養を身につけた後に近代西洋化論へと傾斜していったが、彼は古典に精通することなく、最初から反伝統主義者のまま、近代西洋化論を受容した。事実、欧米のリベラリズムを評価した金岳霖（きんがくりん）に師事したことから、自由と民主政治の理念にはもともと理解のある知識人だった、と評価されている。

　ところが、殷海光の政治思想は、その後に紆余曲折をたどることになった。

　殷海光は、満洲事変以降、とりわけ日中戦争以降、西南聯合大学で勉学に励む傍ら、蔣介石を熱烈に支持するファシズム論者に変わっていった。必然的に反共の政治姿勢を強めていき、国民党の三民主義のうち民族主義を第一とする、反共的愛国主義者となった。殷は、伝統文化を擁護する傾向にあった国民党政権を支持し、そのイデオロギーである三民主義を信奉したという点において、伝統文化を部分的に肯定するようになった、といえるだろう。戦時下で

権力に接近し、日中戦争終結後に国民党機関紙である南京『中央日報』に活躍の場を広げたことから、権力内部の反リベラリストに変質した、といえる。

権力外部のリベラリストへの回帰

ところが、殷海光は、1946年春に蔣介石および彼を中心とする国民党政権に大いに失望し始め、ファシズム的発想を放棄するようになった。おそらく殷は、独裁の弊害とその限界を感じたのだろう。そのため、彼は反共主義者ではあり続けたが、その反共の矛先を社会主義や共産主義そのものに向けることなく、独裁を容認するボリシェヴィズムへと向けていった。彼は、反蔣介石の立場を強めながらも、1947年半ばからは南京『中央日報』の主筆に抜擢されるという、やや分かりにくい経歴をたどることになったが、こうして再びリベラリズムの価値を探究し始めた。

とはいえ、政治思想を目まぐるしく変転させた殷海光は、明らかに、『観察』で活躍したリベラリストや『文匯報』で活躍した左派系知識人あるいは五四運動期から論壇デビューしていた著名な知識人たちと比較すると、芯のない権力内部の知識人にみえた。つまり、1940年代後半の殷は、個人の自由や民主政治の必要性に再び注目し始めたが、『観察』の儲安平のように歯に衣着せぬ権力批判を展開したわけではなかった。彼は、書生気質の伝統的知識人がもつ惰性や無責任さを批判するのがせいぜいのところで、いわば弱腰なリベラリストだった（黎漢基 2000）。

しかしながら、国民党の弛緩、腐敗、無能ぶりが深刻となり、民国の台湾への移動が秒読み段階に入ってくると、殷海光は、いよいよ国民党政権に対する批判を強めていった。殷は、1949年8月に

台北『中央日報』の職を辞し、民国期のリベラリズムの象徴である胡適の『自由中国』に活躍の場を移していった。以後の彼は、国民党政権から距離を置き、権力外部から権力を痛烈に批判するようになった。1950年代半ばには、全面的近代西洋化論の立場から、リベラリズムを中国、香港、台湾にそのまま移植すべし、とさえ主張した。

文化観の変遷

以上のように、殷海光は政治思想をたびたび変化させてきたが、この変化とかかわっていたのが、彼の文化観の変化だった。ここまでの整理からも明らかなように、彼は、簡潔にいってしまえば、伝統文化の否定から肯定、そして再び否定へと立ち位置を変化させていった。

実は、リベラリズムを含む様々な政治思想が文化観と密接にかかわっていることは、何も殷海光に特有なことではなかった。近現代の中国、香港、台湾にみられる普遍的な現象だった。それは、文化論争が清末から延々と続いていることからも、明らかである。

清末から続く文化論争のうち、殷海光が中国で教育をうけ、知識人として活躍し始めた1930年代から1940年代に限定していえば、重要な2つの論争が発生していた。殷は、いずれの論争にも直接関わってはいないが、これら2つの論争は、1950年代から1960年代の香港、台湾における文化論争に影響を与えた。

1つ目の論争は、1930年代半ばに発生した、中国の伝統文化を活用しながら近代化を主張する一派（「中国本位」）と全面的近代西洋化を主張する一派（「全盤西化」）による文化論争である。2つ目の論争は、1940年代後半に発生した、憲政をめぐる文化論争であ

る。そして、これらの文化論争は、1950年代以降の香港や台湾にも引き継がれ、なかでも香港の『民主評論』と台湾の『自由中国』による論戦は注目を集めた（本書181頁参照）。『民主評論』は、現代儒家である張君勱のリベラリズムと近い立場にあり、『自由中国』は、民国期のリベラリズムの本流である胡適や儲安平の政治思想を基本的に継承するものだった。さらに、1960年代に入ると、この論戦は『文星』に引き継がれ、李敖らの近代西洋化を重視する論者と、国民党の文化政策を担ってきた胡秋原や徐復観らの伝統文化を重視する論者が対立した。

殷海光は、1950年代の論争では、『自由中国』の一員として、『民主評論』の徐復観を主たる論敵とした。1960年代の論争では、直接関与することこそなかったが、この論戦が繰り広げられている最中に、香港で『中国文化の展望』（1966）を出版した。殷は、同書において、伝統文化を徹底的に排除しようとした反伝統主義から、伝統文化を別のものに塗り替える「非伝統主義」へと立場を微妙に変化させることで、中国、香港、台湾における伝統文化とリベラリズムとの融和を模索するようになった。

殷海光は、まさに、生涯を通じて、伝統中国と近代西洋との間をたえず揺れ動いた。だからこそ、殷のリベラリズムは、1930年代からの文化論争の文脈において、とらえ直されなければならない。

第2節　近代化をめぐる文化論争
――1930年代〜1940年代

中国的近代化と西洋的近代化をめぐる文化論争

1930年代の文化論争は、民国期のリベラリズムを牽引する胡適、全面的近代西洋化を支持する陳序経、国民党の文化イデオローグ

として知られる陶希聖（とうきせい）ら、当時の名だたる知識人を巻き込みながら繰り広げられた。論争の舞台も、広州から南京、上海、北平、天津を中心とする全国の論壇へと拡大していった。その契機となったのが、陶希聖ら10名の大学教授による「中国本位の文化建設宣言」（『文化建設』第1巻第4期、1935年1月）だった。この宣言の執筆には国民党の葉青（任卓宣）が深く関与していたことが知られており、同宣言が国民党の文化政策を反映していたことは明らかだった。他方、この「中国本位」派による西洋化慎重論に抵抗したのが、胡適、陳序経らの「全盤西化」派だった。1930年代の基本的な対立構図は、「中国本位」派 vs「全盤西化」派だった。

　1930年代の文化論争の主たる争点は、①「本位文化」（中国の伝統文化を主体とする近代化）と西洋化、②文化選択と科学的な方法、③文化と創造、④文化と民族意識をめぐる対立だった。すなわち、「中国本位」派は、社会を構成する要素の一部として文化を位置づけ（争点②）、それ故に近代的価値を見出し得る伝統文化を活用しながら中国社会を漸進的に変革する（争点①）との立場だった。これに対して「全盤西化」派は、文化を含め社会を構成するすべての要素を切り離すことは不可能だとみなし（争点②）、惰性的な伝統文化を全面改革しなければ新たな社会を創り出すことはできない（争点①）との立場だった。したがって、「中国本位」派は、「全盤西化」派を支持する側からは、文化的保守主義だとみなされた。

　ただし、満洲事変以来、国家と民族が存亡の危機を迎えるなかで、西洋文化を導入して新たな中国を創造しようとしたリベラルな「全盤西化」派（争点③）は、ナショナリズムを高揚させつつあった当時の中国社会には、なかなかうけ入れられなかった（争点④）。すなわち、このナショナリズムの高揚という観点からすれば、良質な

伝統文化を精査した上で文化の再建と創造を目ざす「中国本位」派（争点③）は、当時の中国社会の必要性に応え得るものでもあった（争点④）。

憲政をめぐる文化論争

それでは、日中戦争が終結して、外からの侵略という意味での対外的ナショナリズムの危機が克服され、国民党政権が憲政という近代西洋的な政治改革を実行した際に、1930年代の文化論争はどのように再燃したのであろうか。

この時期の文化論争は、1947年に実施された憲政の是非をめぐる論争であり、憲政が中国文化に適合し得るのか否かを争った。主たる論者は、民盟の重鎮で伝統文化を重んじる梁漱溟と張東蓀、中国社会学の祖で近代西洋事情に精通していた費孝通、マルクス経済学を信奉した樊弘、そして1930年代に全面的近代西洋化論を唱えた陳序経だった。

このうち梁漱溟と張東蓀は、近代西洋型の憲政は中国の文化秩序にそぐわない、と指摘した。樊弘は、文化ではなく経済こそがすべての根源であるとの立場から、ブルジョア階級を擁護するだけの旧式の憲政ではなく、プロレタリア階級に利益を分配するイギリス労働党のような、あるいは計画経済をすすめるソ連共産党のような、新式の憲政を目ざすべきだ、と主張した。他方で、彼らとは対照的に、陳序経は、1930年代からの持論である全面的近代西洋化をこの時期にも一貫して主張した。また、費孝通も、上下の意思疎通を可能としてきた中国型の伝統的自治制度（「双軌政治」）を現代に蘇らせるためにも、近代西洋型の憲政を活用すべきだ、と主張した。

それでは、この文化論争を1930年代の文化論争と比較して整理

すると、どのように理解できるのか。

　まず、梁漱溟、樊弘、陳序経のそれぞれの主張から分かるように、この文化論争は、争点②を引き継いでおり、その対立の根底に争点①、すなわち文化観の相違を内在させていた。これが1930年代と1940年代の文化論争を貫く連続性だった。

　しかし他方で、不連続性も存在した。それは、争点③と④が主要な対立軸になっていないことである。これは、不平等条約の撤廃と日中戦争の勝利によって中国の国際的地位が上昇し、対外危機を背景とする文化の創造やナショナリズムの論理が1930年代ほど重みをもたなかったからである。また、争点②で争われた近代西洋（「西」）の中身が、1930年代と1940年代を取り巻く時代環境の変化によって異なっていたからである。たとえば、1940年代後半に入ると、ソ連の社会主義（樊弘）やイギリス労働党政権の社会民主主義（司馬懐冰）に期待する改革論が徐々に登場し始めた。

　そして、1940年代後半の文化論争には、さらに特筆すべき不連続性が存在する。それは、この時期の文化論争が争点②を引き継ぎつつも、その枠組みからだけではとらえきれない新たな改革の方向性を提示していた、ということである。たとえば、張東蓀は、伝統文化を重視する梁漱溟に基本的に同意しつつも、政治体制を支える文化的土壌さえ整えば、その土壌に合致した近代西洋化であれば可能である、との見解を示した。費孝通に至っては、以下で確認するように、具体的な改革案を提示した。

伝統中国と近代西洋の結合

　費孝通は、英米型の民主憲政の実施を支持した。この意味で彼は、間違いなく、近代西洋化論者だった。しかし費は、現状の中国の文

化問題、社会問題を最も効率よく解決するための1つの手段として、近代西洋の民主憲政に賛同したに過ぎなかった。彼は、皇帝による上からの一元的統治と紳士を仲介とする下からの民意の汲み上げを同時に達成してきた伝統的な政治システム（「双軌政治」）のうち、すでに崩壊してしまった後者の高度な地方自治体制を、民主と憲法を活用することで、現代に蘇らせようとしたのである。彼は、伝統文化を徹底的に破壊するといったニュアンスから近代西洋の民主憲政を主張しているわけでも、また逆に、伝統文化に完全に回帰するといったニュアンスから「双軌政治」の復活を主張しているわけでもなかった。

　費孝通の改革論の前提には、中国社会と西洋社会とが構造的に異質だとする認識があった。すなわち、公私の境が明確な西洋社会に対して、中国社会は各個人を中心に公私の秩序を伸縮自在に形成し、公私の境界そのものをその都度臨機応変に変化させていく、という認識である（「差序格局」『郷土中国』上海観察社、1947年）。したがって、伝統中国から近代西洋への秩序ある移行と農村社会の合理的な産業化を実現するためには、中国社会の構造的特質を見定めた上で改革案を提示しなければならない。費は、伝統的な「双軌政治」を合理的かつ効率的に転換させるための1つの手段として、つまり旧来の地方有力者を「民選による立法代表」へと変質させる手段として、近代西洋の民主政治を高く評価し、その先に農村社会の再編を展望したのだった（「各論者からの批判に対する総回答」『郷土重建』上海観察社、1948年）。

　このような選択的近代西洋化論は、費孝通の地道な社会調査によって獲得されたものであり、「中国本位」論と比較するならば、中国の社会構造に深深と根ざした、説得力のある改革案だった。や

や余談になるが、費孝通の改革案は、やがて改革開放時代の中国において、郷鎮企業論の根拠の１つとして脚光を浴びることになった。

第3節　民国の台湾への撤退と自由観、文化観の変化
──1940年代後半～1950年代

民国期のリベラリズムに接近する殷海光

殷海光は、1940年代後半の憲政をめぐる文化論争には参加していない。しかし、南京『中央日報』の主筆に抜擢された殷は、次のように述べて、政治と文化の不可分の関係を認めていた。

> 文化的伝統は、支配する力を潜在的に有している。その潜在力は、あらゆる有形の政治権力を凌駕している。政治権力は、文化の潜在力を根本の基礎としなければならない（殷海光「中国文化を建設する路」（南京『中央日報』、1947年8月10日）。

さらに続けて、次のように主張した。

> 今日の中国は、幾つかの異なった文化勢力が激しく揺れ動いている状況にある。この100年間、とりわけ五四運動以来、外部からの２つの強烈な大きな衝撃をうけた。１つはリベラリズムであり、もう１つはボリシェヴィズムである。この２つの主義は中国固有の文化的伝統と闘争し、この30年間凄まじい文化闘争の嵐を引き起こしてきた。目下の文化闘争は、政治の衝突、社会の動揺、建設と破壊の力の消長に具体的に現れている。……このような現象が続くことは、破壊、撹乱、分裂、暴動を利するだけで、国家建設の完成を遅らせるだけである。したがって、文化的伝統を再建することは、今後建国の道を歩むにあたって、必ず推し進めなければならない（同

上)。

　それでは、文化建設の支柱となるべき思想は何か。この時期の殷海光は、リベラリズムもボリシェヴィズムもともに中国の問題を解決できないと断言して、国民党の立場から、三民主義の文化を支柱とすべきだ、と主張した。ここでいう三民主義の文化とは、民族主義と民主主義と社会主義を融合した文化を指す（同上）。

　ところが、興味深いことに、殷海光のいう三民主義は、蒋介石を中心とする国民党政権中枢の、伝統文化を肯定する傾向にある三民主義論とは微妙に異なっていた。殷は、「中国文化を建設する路」を執筆した2ヵ月後に、再び三民主義を擁護する論陣を張ったが、それでもやはり、伝統文化のすべてを全面的に評価したわけではなかった。

　　リベラリズムは西洋文明の象徴であり、ルネッサンス以後、「自我」を発見した。自我の発見とは、つまり、リベラリズムから派生したわけである。したがって、リベラリズムの出発点は個人主義であり、リベラリズムは経済面においては放任主義である。しかし、このような主義が中国に伝わると、大ざっぱに言ってしまえば、中国人は「欧米による侵略だ」ととらえた。むろん、イデオロギー面からいえば、リベラリズムは中国に〔個人が〕自由に解放されることを要求し、伝統と保守に反対し、言論の自由と思想の自由を主張するという新状況をもたらした。また、政治に与えた覚醒としては、リベラリズムが民主政治の実現を要求するようになったことだった。さらに、実際の面からすれば、リベラリズムは欧米の物質文明と科学技術をもたらした。要するに、リベラリズムが中国に流入して以降、〔中国の〕旧い文物の制度も旧い社会も急速

に崩壊し、欧米の文明が輸入されて民智が啓発された、と観察できるのである。それ故に、リベラリズムは、国家と社会の進歩にとって有利なわけである（「中国現代政治思潮」南京『中央日報』1947年10月10日）。

　殷海光は、この時点で、民国期のリベラリズムの歴史的意義を間違いなく認めるようになっていた。だからこそ、殷が唱える社会変革論は、1948年以降、三民主義のうち、民族主義（伝統文化）よりも民生主義（社会民主主義）と民権主義（民主政治）をより重視する内容へと変化していった。民権主義を重視し始めたことが、国民党批判を強めていった一因と考えられる。

　実際、第三の道を否定した殷海光は、国民党のリベラルな自己改革に依然として期待を寄せつつも、国民党が三民主義に忠実でなければ運命をともにできない、と心情を吐露し始めた（「私たちはどこに向かっているのか？」『青年雑誌』第1巻第2期、1948年9月）。さらに、1930年代の文化論争にもかかわった葉青ら国民党員を批判して、真の憲政を実施するように要求し始めた。しかも、国民党機関紙の台北『中央日報』においてである（「リベラリズムの新しい教育」台北『中央日報』1949年5月；「民主と寛容」台北『中央日報』1949年5月）。彼が台北『中央日報』の職を辞して、権力の外部へと飛び出すのは、時間の問題だった。

民国期のリベラリズムを牽引する殷海光

　以上のことから分かるように、殷海光は、反共の国民党の立場にあったとはいえ、三民主義のうち民権主義と民生主義を重んじる傾向にあった。したがって殷は、憲政を肯定しながら、政権内部から政権外部へと立ち位置を変え、政権批判の役割を担うリベラリズム

を実践し始めた。

　1950年代に入ると、殷海光は、共産党のみならず国民党にも反対する姿勢をますます鮮明にした。たとえば、国民党が1950年代初めにおこなった抜本的組織改革（「改造」）についても、厳しい批判を展開した。さらに、リベラリズムを全面で強調するようになり、反国民党かつ反三民主義の政治姿勢を徹底的に押し出した。この時に、反三民主義へと移行した結果、当然の帰結として、民生主義と親和的な社会民主主義を放棄することになった。もちろん、伝統文化についても厳しい姿勢で臨むことになった。彼は、近代西洋の価値観を儒教のなかで探求した牟宗三との論戦を通じて、現代儒家の影響力の強い『民主評論』から次第に遠ざかっていった。以後の彼は、主たる活動の拠点を『自由中国』に移し、国民党から離脱することになる雷震らとともに、『自由中国』の本流に身を置き始めた。

　このように、台湾に渡ってからの殷海光は、反伝統主義、反共反社会主義の立場を鮮明にし、権力の外部から個人主義と自由、人権を擁護する姿勢を明確に打ち出した（章清2006）。これは、次の2つの言説からも読み取れる。

　1つ目は、ハイエク思想の受容である。殷海光が1950年代にリベラリズムを全開させた重要な思想背景として、ハイエク思想の受容があった。彼は、『隷従への道』（1944）を1952年に受容し、翌年に中国語版を公表して、その「自序」で次のように述べた。

　　リベラリズムの経済的側面は、社会主義者から厳しい批判と攻撃をうけている。イギリスの功利主義から派生したリベラリズムを主流とするものも含めて、リベラリズムは、その正統な経済思想を守れず、その根幹部分を次々と放棄して、社会主義に妥協している。と同時に、「経済の平等」の要

求に混ざり込んでいる共産主義の攻勢も、凄まじい。このような危機感が差し迫り、この種の感情を和らげたいという心情も少し働いて、リベラリズムに傾倒していた中国の多くの知識人は、「民主政治と経済の平等」を主張するようになった。……しかし、私個人は、この主張には筋が通っていないと感じる。私がまさにこのように困惑している時に、ハイエク教授の『隷従への道』を偶然にも読むことになり、私の困惑は溶解していき、私の気がかりも急に無くなっていった。ハイエク教授の理論は、リベラリズムが社会主義へと落ちぶれていった経済理論を救出するものであり、それを倫理の面にまで押し広げるものである（「自序」林正宏編『殷海光全集』（第6巻）桂冠図書公司、1990年）。

1940年代の中国におけるリベラリズムが「経済の平等」を強く意識し過ぎたがために、社会主義や共産主義の浸食を許してきた状況を、ハイエクの理論に基づいて、本来のリベラリズムのあるべき方向へと軌道修正しようとしたわけである。

もう1つは、個人の自由が国家の自由に優位するとの主張である。殷海光は、個人は国家の根本であり、国家は個人の利益のために存在し、個人は国家のために存在するのではない、と主張した。確認するまでもなく、個人は国家の根本であるという考え方が民主政治であり、個人は国家のために存在するという考え方が独裁政治だ、ということになる。

> 個人の自由とは、少しも曖昧で空虚なものではない。その内容を1つ1つ明確に示すことができる。……我われは、これらの基本的人権が人であることの必須条件であり、剥奪されることは許されない、と知るべきである（社論「自由の日

に真の自由を談ず」『自由中国』第10巻第3期、1954年2月)。

五四精神を称揚する殷海光

殷海光の個人主義を核とするリベラリズムの主張は、現代儒家の徐復観らが集う『民主評論』との間に論争を引き起こした。伝統文化を重んじる知識人たちと溝を深めていったこの事実が物語っているように、殷海光は、1950年代に入ると、反伝統主義を強く押し出した。この時の殷は、民主政治の発展と何ら関係のない伝統的道徳観念は存在の余地すらない、とまで言い切るようになった。さらには、「民主と科学」を徹底するためには、全面的近代西洋化が必要だ、とも訴え始めた(「自由の再区分」『祖国周刊』第16巻第7期、1956年11月;「なぜ共産党は『胡適思想』を清算するのか？」『自由中国』第18巻第10期、1958年5月;「伝統の価値」『祖国周刊』第9巻第8期、1955年2月)。

『自由中国』を主たる活動拠点とした殷海光は、1957年から同誌が停刊を迎える1960年まで、毎年、五四運動の反伝統主義の精神を称揚する社論を執筆した。殷にとって五四運動期から文化界のリーダーとして頭角を現した胡適に対する評価は微妙だったが——彼は、胡適が台湾において徐々に国民党政権に迎合しつつあると認識し、胡適の政治態度に不満を持っていた——、他方で、五四運動の精神に立ち返るためには、同運動のリーダー的存在で民国期のリベラリズムの発展に貢献してきた胡適を称賛しないわけにはいかなかった。こうしたジレンマを抱えつつ、殷海光はある年の社論で次のように言い切った。

　　もし逆戻りすることを唱える復古も愛国だというのであれば、科学と民主を唱えて国家の新生と進歩を促すことが、ど

うして愛国ではない、というのか(「五四精神を立て直す」『自由中国』第16巻第9期、1957年5月)。

殷海光は、どんなに少なく見積もっても、1950年代後半からは、胡適や陳序経らと同質の、いわゆる近代西洋化を全面に押し出したリベラリズムを台湾において主張したのだった(何卓恩2004)。

第4節　台湾における文化論争と改革論——1960年代

全面的近代西洋化論への懐疑

ところが、殷海光の政治思想は、この時もまたふらつくことになった。胡適らが定着させた民国期のリベラリズムをそのまま台湾で発展させるかに思われたが、彼のいうリベラリズムは、すぐさま変容し始めた。

その契機の1つは、やはり胡適の言動にあった。胡は、我慢こそがすべての自由の根幹にあり、我慢がなければ自由はない、と考えるようになった(「我慢と自由」『自由中国』第20巻第6期、1959年3月)。これに対して殷海光は、胡適への敬意を表明しつつも、この自由論は権力者にすり寄り過ぎているとの不快感を示した。古代から現代まで、我慢するのはいつも普通の人々であり、我慢を強いるのはいつも統治する側である、というのが殷の反論のポイントだった(「胡適の『我慢と自由』を論ずを読んで」『自由中国』第20巻第7期、1959年4月)。

こうして民国期のリベラリズムを台湾で一緒に支えていくはずだった胡適と殷海光は、溝を深めていった。ポスト五四運動世代の殷は、リベラリストとして、新たな発展の道を模索しなければならなくなった。だからこそ、晩年の彼は、「伝統にもとづく原則と制

度を廃止するにあたり、そのスピードは速すぎてはならない」と主張するようになり、ハイエクの『自由の体質とその原理』(1960)を援用して、1950年代の反伝統主義を1960年代に「非伝統主義」(本書123頁参照)へと修正していくことになった。要するに、全面的近代西洋化論を軌道修正したわけである(黎漢基 2000；謝曉東 2008)。

こうして殷海光の政治思想と文化論が変質しつつあったころ、国民党政権は、雷震の野党結成の動きを封じるために、1960年に『自由中国』を弾圧した。殷は逮捕、投獄を免れたとはいえ、雷震の野党結成の動きには共感しており、台湾の公共空間が急速に狭まっていくなかにあっても、何とかして自己主張できる場を確保しようとした。彼は、権力を批判することが次第に困難になる状況下で、文化論によって、迂回してでも権力批判をおこなおうとした。それを象徴したのが、1962年に始まった文化論争である。この年は、期せずして、民国期のリベラリズムを先導してきた胡適が他界した年だった。

1960年代の文化論争と『中国文化の展望』

この論争は、青年作家の李敖が『文星』で伝統文化を徹底的に批判したことに始まる(「東西文化を論ずる人々を診察する」『文星』第52期、1962年2月)。殷海光はこの論争に直接関与しなかったが、胡秋原ら国民党員や台湾、香港で活動を展開している知識人たちは、殷こそが李の全面的近代西洋化論を支援しているのではないか、と疑った。

確かに、殷海光『中国文化の展望』【図9】が『文星』誌上の文化論争に拍車をかけたのは事実だった。しかし、殷が、李の全面的近代西洋化論を無条件にうけ入れたわけでもなかった。このこと

図9 『中国文化の展望』(文星出版社, 1966年) の表紙

は、理性的な文化研究が必要なことを強調した、以下の同書「序言」からも明らかである。

　私は、中国の文化問題に関する著作あるいは論争を強く意識している。しかし、それらに目を通した後、ほとんどの論文が理性的に書かれていないことに気づいた。多くの論文は、学術上の高尚な議論を並び立てているが、その基本的な内容は、中等学校の教材とほとんど変わらない。いずれも感情の起伏のもとに書かれており、その時々の心理的な迷いでしかない。

リベラリストの文化融合論

　過去の文化論は「その時々の心理的な迷いでしかない」とまでいう殷海光は、それ故に、まず、文化概念それ自体を定義しようとした。ここから得られた結論は、文化という概念には文明と野蛮という区別もなければ、優劣の区分もないということ、そして、文化という概念は各地域の実生活に根ざした諸価値を満たす限りにおいて変化し続ける、ということだった。だからこそ殷は、近代西洋を優れた文明だと固定的にとらえることをやめて、全面的近代西洋化論を唯一の選択肢とはみなさなくなった。実際、胡適や陳序経を批

判するようになり、また、各地域の文化が育む価値の根底には何らかの道徳観があり、その道徳観にも配慮すべきだ、と考えるようになった。つまり、世界に普遍とされるリベラリズムが自由、民主政治、科学的思考を実践するのであれば、各地域の道徳への配慮が不可欠だ、と理解したわけである。

　ただし、全面的近代西洋化論から方針を転換したからといって、殷海光が伝統文化を全面的に肯定したわけではなかった。殷は、保守主義者や現代儒家に対しても依然として批判的であり、伝統中国と近代西洋を文化的に折衷しようとした「中体西用」派に対して、やはり否定的だった（「中体西用説」前掲『中国文化の展望』）。

　それならば、殷海光は、どのような文化観を形成したのであろうか。ここで確認すべきは、殷の「濡化（ぬか）」理論だった。

　　「濡化」とは文化が変遷する際の１つの過程である。この過程で、２つの、あるいは２つ以上の異なった文化が結びついて接触する。その結果、そのうちの１つの文化が別の文化の要素を吸収していく（「何が文化なのか？」前掲『中国文化の展望』）。

　この時期の彼は、伝統的な中国社会を覆い尽くしている共同体としての集合体（「通体社会」／Gemeinschaft）が、人と制度と思想の近代化によって、西洋型の公共性の高い集合体（「連組社会」／Gesellschaft）に「濡化」する、と見通していた（「近代中国文化の基準線」前掲『中国文化の展望』、「現代化の問題」前掲『中国文化の展望』）。

　むろん伝統主義に懐疑的な立場を崩していなかった殷海光は、中国固有の伝統文化がそのまま吸収されることなど、まったく想定していなかった。彼が期待していたのは、孔孟の仁義と仏教の慈悲と

キリスト教の博愛を基礎とした「民主と科学」の実現だった。だからこそ、それを社会に定着させるためには、基礎となる道徳、つまり仁義の再建が必要であり（「道徳の再建」前掲『中国文化的的展望』）、その先に、リベラリズムを基盤とする民主主義社会の実現をめざした。当時の彼は、ポパーの『開かれた社会とその敵』（1945）およびハイエクの『自由の条件』（1960）に傾倒して、次のように主張している。

　　我われは、「目的社会」から、ポパーのいう「開放社会」へと向かわなければならない。このような社会文化にあっては、私たちの思想と行為は、くだらない前例やタブー、あるいは、複雑な人間関係や神格化された人格などといった各種の制約をうけることはない。ただ、人生の徳目と理性および知識に従えばよい。……我われは、自由な文化が醸し出す暗黙裡の力を通じて、中国が現在おこなっている様々な暴虐行為を止めて、道徳を重んじ、自由で民主的な状況を創り出したいと思う（「民主と自由」前掲『中国文化の展望』）。

　　個人主義は、リベラリズムの行き着く先である。個人主義は、リベラリズムの最も大切な出発点であり、リベラリズムの最も大切な終着点でもある（「自由の倫理基礎」前掲『殷海光全集』（第15巻））。

率直にいって、殷海光の「濡化」理論は、抽象的で分かりにくい。殷のいう孔孟の仁義はどのように「民主と科学」の実践を後押しし、どのように自由や民主政治を発展させるのか、あまり説得的ではない。彼の形式主義や誤謬性、空虚さを指摘することは、容易いことである。晩年の彼のリベラリズムが空理空論のように映るのは、ここに原因がある。

しかし、歴史の時間軸を重視するならば、かつての知識人たちが未解決のまま残してきた極めて重たい課題に、殷海光は民国期のリベラリズムを継承する立場から果敢に立ち向かった、とみなせなくもない。つまり、晩年の殷は、中国も「濡化」されることによって、徐々に西洋的な近代化——全面的近代西洋化ではない——を成し遂げ、その近代とは世界に普遍な近代になるはずだ、と主張したかったのである。

　だからこそ、この空理空論のようにも映る『中国文化の展望』は、国民党政権からすれば、発禁処分の対象でしかなかった。当時の国民党政権は、反伝統主義の文革へと向かっていた中国に対抗して、中華文化復興運動を展開していた。全面的近代西洋化を称賛した『文星』は停刊処分となり、続いて、『中国文化の展望』も、発売からわずか7か月後に、伝統文化に反対しているとの理由で、発禁処分のリストに追加されたのだった。こうして殷海光は、1960年代半ば以降、発言の場をほぼ失い、台湾大学教授の地位も追われて、50歳を目前にして病に倒れた。

　台湾に流入した民国期のリベラリズムは、『自由中国』事件後も、したたかに新たな発展の道を模索していた。それにもかかわらず、その僅かな可能性さえも、たちどころに潰えてしまった。しかし、1970年代からの台湾内部からの自由と民主政治を求める運動が高まってくると、殷海光が晩年に注目したリベラリズムと文化の関係性は、台湾や香港、さらには中国で再び争点化されることになった。

日中戦争下の容共リベラリズム
——広西、雲南から香港へ

第1節　広西と雲南における自由な空間

中国の南方と「大後方」を結ぶ文化都市桂林

　日中戦争が勃発した結果、中国の沿海部にある主要都市は、次々に陥落した。北平、天津、上海、南京、杭州、武漢、広州などがそうである。主要都市にあった党組織、政府機関、国営企業、民営企業も、沿海部で生活していた無数の人々も、そして、それらのうち「大後方」とよばれる重慶、四川、雲南に移動または移住可能だった組織、機関、企業、人々も、計り知れないほどの影響をうけた。大学などの学術教育機関も、その例外ではなかった。さらに、研究者やジャーナリスト、文芸活動にたずさわっていた文化人の多くも、戦火を逃れるために、各地を転々とせざるを得なかった。その際の有力な避難先の1つが、広西の桂林だった。桂林は、やがて、戦時下の文化都市だと称えられるほどになった。

　では、なぜ桂林が有力な避難先になったのか。

　それは、東南アジアや欧米世界にも広がる開放的な都市広州や香港にアクセスしやすく、自由な活動を維持しやすい条件が比較的に整っていたからである。さらに、広西では、蔣介石と対立関係にあった李宗仁の国民党広西派が優勢であり、国民党政権の中枢とは異質な、独自の政治空間が広がっていたからである。李宗仁は、容

共の政治姿勢を戦略的にとっていたか否かにかかわらず、蔣介石との対抗関係において、共産党員や左派系の人々を寛大に迎え入れることで、自らの自立性を確保しようとしたのだった。

この桂林の文化的発展は、香港の陥落により、ますますすすんだ。ただし、戦時下の桂林がたえず賑わいをみせていたわけではなかった。避難した知識人たちは、桂林から戦時首都重慶や「大後方」の奥地で戦火を免れやすかった雲南省昆明へと、さらに移動していった。

国民党広西派と共産党

日中戦争期の桂林で、その文化活動において重要な役割を果たしたのが、国民党広西派の中核メンバー黎蒙だった。

黎蒙（1907〜1971／広西省興業）は、別名を黎作樑といい、パリ大学で博士号を取得した知識人だった。黎の父親で地元の名士として知られていた黎建辰（黎春三）は、国民党広西派の李宗仁を支援しており、黎蒙も自ずと李宗仁に接近し、パリ留学時代には李宗仁の生涯の側近となる程思遠とも親睦を深めた。また、黎の妻は国民党元老の于右任の愛娘（于珍）だったともいわれており、彼は広西派に属しながらも、蔣介石を中心とする国民党政権の中枢にもパイプをもっていた。

このような経歴と背景をもつ黎蒙は、日中戦争期に李宗仁の推薦によって桂林の『広西日報』社長に抜擢され、抗日愛国のジャーナリストとして名を馳せた（徐鋳成 1999）[*20]。当時の日本の陸軍省も、次のようなレポートを 1943 年 2 月 7 日に東京に送っている。

> 広西日報は省党部と省政府の合弁である。過去における地位はともかく、現在は政府と党部の機関紙であることか

ら、その地位を軽視することは出来ない。現在の社長黎蒙は、以前香港の珠江日報の社長で、新聞事業に相当深い経験を持っている。……現在の広西日報は編輯と言い印刷と言い相当顕著な進歩を見せている。……大公報や掃蕩報〔と〕同様、出来るだけニュースを受信し、外国ニュースの翻訳紹介にも努力している。日曜論文を重視し、原稿料は桂林の新聞では一番高い方である（アジア歴史資料センター所蔵「桂林の新聞事業（2）（昭和 18 年 2 月 7 日）」レファレンスコード C13032348600）。

　黎蒙の経歴でさらに興味深いのは、彼が『広西日報』社長時代に、共産党員や第三勢力の政治家や知識人たちとも幅広く交流していたことだった。日中戦争終結後も、香港で『新生晩報』を経営しながら、当地で地下活動を活発におこなっていた共産党員や、第三勢力のなかでも左派色の強い知識人を支援していたとされる（徐鋳成 1999）。彼は、南方の統一戦線工作を指揮した周恩来ら共産党と、少なくとも間接的には繋がっていたと考えられる。

　中国で憲政が実施されると、李宗仁は副総統に選出された。総統の蔣介石は国共内戦の劣勢を跳ね返すことができず、1949 年 1 月、李宗仁が代わって総統職に就き、共産党との和平交渉に臨んだ。しかし、交渉はまとまらず、人民共和国成立から 2 か月後の 1949 年 12 月、李は、程思遠や黎蒙らによる周到な手配の下、香港からアメリカに渡った。黎は、この時、程とともに香港に残った。

　ところが、香港時代の黎蒙と程思遠は、ギクシャクした関係に陥ったようである。

　程思遠は、香港に注ぎ込まれた民国期のリベラリズムを、当初こそ後方から支援していた。しかし、やがて程は人民共和国の共産党

に接近し、李宗仁の帰国準備を整えるために、1950年代半ばから約10年間、何度も香港と北京を往復した。対して黎蒙は、香港に注ぎ込まれた民国期のリベラリズムのさらなる発展に寄与したわけでも、また、共産党にも主体的に接近したわけでもなく、ジャーナリストとして香港で活動を続けただけだった。むしろ、黎は、広西派とはいえ国民党員であることにかわりはなかったため、ベトナムやラオスでの特務活動を 蔣 経国から託されていたようである。事実、ベトナムでは『越華日報』の、ラオスでは『寮華日報』の責任者だった[21]。

だからこそ、共産党へと自ら接近し始めた程思遠は、黎蒙との距離を次第に広げていったのだろう。程は、自らの回想録で、黎蒙に対して冷淡な評価を下したばかりか、事実に反して、彼の存在そのものを消し去った。すなわち、黎蒙は蔣経国の期待に応えられなかったために、1950年代に失意のうちに死亡した、と記している（程思遠 2011）。

しかし、黎蒙は、1971年に香港で亡くなっている（『香港工商日報』1971年10月27日）。黎は、1950年代から1960年代にかけて、香港メディア界で確たる地位を築いていたのだった。彼は、『文匯報』や『大公報』といった香港の共産党系メディアに対する人脈網を維持し、また、かつての国民党内部における自らの地位を利用して、宋慶齢、何香凝ら北京の中国国民党革命委員会に対しても間接的にアクセス可能だったのかもしれない。

ともかく程思遠と黎蒙の関係がどうであれ、彼ら2人のような国民党にも共産党にもまたがる、かつての抗日愛国のジャーナリストが、日中戦争期の容共リベラリズムを1950年代以降の香港に注入する条件を整えたのだった。

独立自主の文化都市昆明

　昆明を中心地とする雲南には、「雲南は雲南人の雲南である」との郷土意識が、もともと根強くあった。この意識は、とりわけ雲南出身の革命家や軍人には広く共有されていた。

　清末の雲南に、軍人を養成する雲南陸軍講武堂が開設された。ここは、北洋講武堂（天津）、東北講武堂（奉天）と並ぶ三大講武堂と称され、日本で軍事留学や軍事視察をおこなった有力者たちを多数抱えていた。この雲南陸軍講武堂は、民国期に雲南を統治した主要な政治家たち、たとえば李根源（1879～1965／雲南省騰越庁〔現在の梁河〕）、唐継尭(とうけいぎょう)（1883～1927／雲南省東川〔現在の会沢〕）、龍雲（1884～1962／雲南省昭通）らを教官として招聘したり、卒業生として輩出したりして、雲南の地方政治に大きな影響力を及ぼした。この講武堂は、時勢に応じて組織を改変しながら、日中戦争終結まで何とか存続し、雲南の郷土意識を彼ら軍人を通じて社会に植えつけていった。そのため、雲南の政治は、独自性と自立性を残した。この講武堂は、共産党の人民解放軍の創立にたずさわった朱徳や人民共和国期を代表する軍人葉剣英らの母校であり、共産党との繋がりが比較的に強かった。そのことも、雲南の独自性と自立性を支えていた。

　こうした背景の下、1930年代から雲南を統治した龍雲は、独立王国のような政治空間を獲得した。ここでいう独立王国のような、という意味は、蒋介石の国民党政権の統治が実質的に及んでいなかったこと、蒋介石の統制から離れた独立の軍隊を保持していたこと、中央の収入に帰すべき税収をみな省に留めて使用し、中央が負担すべき外交費などの経費も省が負担していたこと、を指す。要す

るに、龍雲統治下の雲南は、政治、財政、軍事が独立した状態だった。

　もっとも、日中戦争の開始により、蔣介石の国民党政権は「大後方」に移動した。そのため、日中戦争期の雲南は、それ以前ほどの独自性と自立性を維持できなくなった。

　それでも、雲南は、他の地域と比較すれば、独立自主の空間を多く保持していたことに間違いなかった。それを文化活動の面から象徴していたのが、西南聯合大学の存在だった【図10】。

　西南聯合大学は、北平の北京大学、清華大学、および天津の南開大学という華北の名門大学が共同して設立した大学である。この3大学は、日中戦争勃発後に「大後方」への移転を迫られ、広西の桂林に移ることも一時期検討したが、戦争の前線からより遠く、滇越鉄道（雲南〜ベトナム）を使えば研究設備や図書を搬入するのに便利だとの理由から、昆明を選択した。西南聯合大学は、5学院と26

図10　西南聯合大学の正門（西南聯合大学北京校友会編『国立西南聯合大学校史—1937至1946年的北大，清華，南開』北京大学出版社，1996年）

学部から成る、当時の中国においては最大規模を誇った学術教育機関だった。しかも、沿海部の主要都市から疎開してきた優秀な学生を大量に吸収した。校舎も質素で設備も不十分だったが、質の高い教育と研究を維持できたのである。

戦時下の雲南には学術教育機関以外にも、多数の文化、芸術組織が移転し、昆明を中心に活発な活動がおこなわれていた。中華全国文芸界抗敵協会雲南分会や中華全国戯劇界抗敵協会雲南分会が、その最たる例である。

新聞社、雑誌社、通信社、出版社などのメディア界も、活況を呈していた。もともとあった国民党省支部の機関紙『民国日報』、省政府の機関紙『雲南日報』のほかに、南京から移転した『朝報』、国民党機関紙『中央日報』の昆明版、タイからの帰国華僑が発行した『暹華日報』（のち『僑光報』）が加わった。中央通信社の北平分社も昆明に移り、国民党省支部も雲南通信社を設立した。その後も、政財界人による『正義報』などが創刊され、『朝報』も夕刊を発行するなど、多様なニーズが満たされていった。

共産党の主張も、じわじわ広まっていった。『雲南日報』は、社内の共産党秘密党員によって、毛沢東の「新段階を論ず」を連載し、共産党機関紙『新華日報』も、華僑書店で販売された。また、著名な民主活動家だった李公樸や聞一多らは、左派色の強い書籍を流通させ、その思想を広めるのに貢献した。

龍雲統治下の雲南と共産党

雲南は、独立自主の昆明を中心に、戦時下にあってもなお特殊な政治空間を維持した。このような雲南の特殊性は、龍雲と共産党との関係にも表われている。

共産党の地下組織が雲南に設置されたのは、1920年代後半である。この地下組織は、青年努力会、新滇社、共産主義青年団を中心に結成された。当時、共産党の華南局は、西南地域の党活動を指導する機関であり、龍雲が統治する前の唐継堯を封建勢力とみなして、共産主義青年団を活用しながら、労働者、農民、学生、女性の組織化をすすめた。共産党は、龍雲に対しても、その夫人である李培蓮に働きかけ、唐から離反させようとした。こうした共産党の工作が功を奏したのかどうかはわからないが、龍雲はやがて雲南の統治者となり、西安事件[*22]が全土で注目されると、共産党がそれを平和的に解決したことに敬意を表した、といわれている。

　戦時に入ると、龍雲と共産党との関係は、よりストレートなものになった。

　日中戦争が始まって1か月後の1937年8月、共産党の周恩来、朱徳、葉剣英が国民党政権の国防最高会議[*23]に参加するために龍雲とともに南京を訪れると、一致抗日を掲げる周恩来らは、龍雲との間に直接の連絡手段を構築しようと働き始めた。翌年、共産党は人員を延安から昆明に派遣し、朱徳は、雲南陸軍講武堂同級生の龍雲に、団結を拡大することこそが抗戦を勝利に導くとのメッセージを送った。その後も共産党は、地下組織である雲南省工作委員会を通じて龍雲への接触を強化し、龍雲も、蔣介石から政治、軍事両面の圧力をますますうけていたことから、1943年、龍雲と延安の共産党中央および重慶の南方局[*24]とを直接結ぶ無線電信局が設置された。

　ちなみに、龍雲と蔣介石とが相互不信を深めることになった一因に、1939年12月の汪精衛の重慶脱出があった。汪精衛が日本との和平を求めて重慶から昆明を経由してハノイへと脱出した際、龍雲

は動揺を隠しきれなかったようである。そうした政治態度が、蒋介石との関係に微妙な影を落とすことになった。

　以上やや遠回しな説明になったかもしれないが、龍雲が共産党に寛容だったからこそ、自由と民主政治——それらは戦時下で団結を加速し統一を維持するためには必要不可欠だとみなされていた——を求める憲政運動が、昆明をはじめとする各地で盛り上がりをみせたのである。共産党は、憲政運動を国民党政権を批判する手段として利用したいだけだったが、龍雲は、そのような打算を働かせる共産党の活動を黙認した。蒋介石の国民党政権が共産党員に対する取り締まりを強化しようとすると、龍は、彼らに事前に通告して、避難する時間を与えた。

　では、戦時下の雲南における容共リベラリズムは、どのように憲政運動を高揚させたのだろうか。戦時下の桂林の特殊性が重慶や昆明にも流入していたことから、まず桂林の状況を確認することにしよう。

第2節　桂林と昆明における民国期のリベラリズム

戦時下の桂林における特殊性

　民国期のリベラリズムは、戦時下の桂林に直接注ぎ込まれたわけではない。それでも、戦時下の展開過程を概観する上で、桂林に触れざるを得ない。それは、なぜか。端的にいえば、戦時下の桂林では、共産党員や左派色の強い知識人が活動を許され、文字どおりの容共が実践されていたからである。桂林は、広州や香港という比較的にリベラルな都市空間の生活を謳歌していた知識人たちを吸収しながら、そのリベラルな空間と容共とを結びつけるような作用をも

ち、その作用が重慶や昆明にも少なからず伝播していったからである。

　日中戦争が始まってから約1年後の1938年10月、武漢と広州が相次いで陥落すると、桂林には各地から避難してきた知識人らが1000人余りに達し、郭沫若（かくまつじゃく）や胡愈之（こゆし）などの左派系知識人も含めて、著名人だけで200人以上にのぼったとされる。わずか数社しかなかった出版社や書店が林立するようになり、桂林のメディア界は活況を呈した。とりわけ重要なことは、共産党ないしは左派系の主要な出版組織が桂林に集結したことである。生活書店、新知書店、読書出版社、新華日報桂林営業所図書部、文化供応社、開明書店、南方出版社などが、名を連ねた。

　1941年1月、戦時下の国共合作に亀裂を走らせた皖南事変が発生すると、さすがに国民党広西派の李宗仁も、蔣介石と一致して、共産党に対する弾圧を強化せざるを得なくなった。共産党は桂林からの撤退を余儀なくされ、南方出版社が事実上編集をおこなっていた『救亡日報』も停刊に追い込まれた。

　ところが、その反共の手法は、国民党政権の中枢にいる蔣介石とは、かなり異なっていた。桂林では、生活書店を「期限付き営業停止」とし、営業再開の道を閉ざさなかった。また、著名人が桂林を離れる際に資金援助（「礼送」）をしたことから、左派系の知識人たちがのちに桂林へと戻ってくる伏線となった。

　1941年12月8日、太平洋戦争が始まると、同月25日に香港は日本に占領された。すると、桂林には、再び大きな変化が起きた。というのも、皖南事変の結果、重慶や桂林を離れて香港へと移動した多くの共産党員や左派系知識人が、香港から桂林へと再び大挙して押し寄せたからである。この時、書店は200店舗にのぼった、と

いわれている。

　もっとも、この時の桂林の活況も、長くは続かなかった。日本軍が1944年に大陸打通作戦を敢行すると、同年11月に桂林も陥落し、知識人たちは各地に離散したからである。ところが、この時点で、桂林においては、国共の結びつきはかなり深まっていた。左派系の代表的な出版組織である生活書店、新知書店、読書出版社は、避難先の広西省昭平で兄弟図書公司を設立し、国民党広西派の黎蒙が社長を務める『広西日報』昭平版の発行業務を請け負っていた（張定華等 1999）。

　以上のように、桂林は戦時下の文化都市としてリベラルな空間を維持しながら、そのなかで容共の空間を拡大していった。そして、この2つの空間を結びつける桂林の都市機能がたびたび周辺に拡散し、昆明の容共的空間の形成にも刺激を与えた。

リベラルな政論誌の賑わい——『今日評論』から『民主週刊』まで

　民国期のリベラリズムを戦時下の昆明で継承したのが、『今日評論』（1939〜1941）、『当代評論』（1941〜1944）、『自由論壇』（1944〜1946）、『民主週刊』（1944〜1946）だった。

　『今日評論』は、銭端升が「自由と統一」を説いた政論誌である（本書 56 頁参照）。西南聯合大学のスタッフを中核とするこの政論誌は、戦時下の昆明における民国期のリベラリズムを最も代表していた。この『今日評論』で活躍した主だった知識人たちは、『当代評論』と『自由論壇』にもまたがっており、日中戦争終結後には『観察』に寄稿した人、人民共和国成立後にそのまま中国にとどまった人たちが多数含まれていた（表2）。

　もう1つの政論誌『民主週刊』は、民盟雲南省支部の機関誌だっ

表 2　『今日評論』『当代評論』『自由論壇』の主要メンバー

姓名	出身大学／留学先	日中戦争期	1940年代後半	1949年以後
銭端升	清華大学／アメリカ	今，　　　民	観	○
王贛愚	清華大学／アメリカ	今，当．自．民	観	○
潘光旦	清華大学／アメリカ	今，　　自．民	観	○
王信忠	清華大学／日本	今，　　自	観	
伍啓元	滬江大学／イギリス	今，当．自．民	観	△→○
呉学義		今，当		
費孝通	清華大学／イギリス	今，当．自．民	観	○
張徳昌		今，当	観	
羅隆基	清華大学／イギリス・アメリカ	今，　　自．民	観	○
陳友松	／アメリカ	今，当．自	観	○
羅常培	北京大学／――	今，当．自		
雷海宗	清華大学／アメリカ	今，当	観	
邵循恪	清華大学／アメリカ	今，当		○
沈従文	――／――	今，　　自		○
曹昭掄	清華大学／アメリカ	今，当．自．民	観	○
田培林	北京大学／ドイツ	今，当		△
費鑑照		当		
楊西孟	清華大学／アメリカ	当．自	観	○
李樹青	清華大学／アメリカ	当．自		アメリカ
呉晗	清華大学／――	当．自．民	観	○
袁方	西南聯合大学／――	当．　　民	観	○
翁同文	西南聯合大学／――	自		△
陶雲逵	南開大学／ドイツ	自		逝去

注　各知識人が関与した政論誌名を次のように略記した．『今日評論』は今，『当代評論』は当，『自由論壇』は自，『民主週刊』は民，『観察』は観．また，1949年以降も中国にとどまった知識人は○，台湾もしくは香港に渡った知識人は△と表記した．空欄は確認できなかった箇所である．
出所　水羽信男（2004）を基に作成．

た。そのため、前述の3誌とは性格を異にしていた。たとえば、前3誌には、胡縄（こじょう）ら共産党と関係のある知識人はほとんど参加していない。対して、『民主週刊』には、雷海宗ら国民党と関係のある「戦国策派」[*25] と呼ばれた知識人はほとんど寄稿していない。

　このように『今日評論』、『当代評論』、『自由論壇』と『民主週刊』

は、同じ系統には属していなかった。しかし、これら4誌で活躍した知識人たちは、その多くが人民共和国成立後も中国にとどまることを選択した、いわば潜在的な容共リベラリズムの担い手だった。この点では、共通していた（水羽信男 2004）。

　この一群の知識人のなかには、個人主義を根底においたリベラリズムが世界で復権しつつあり、中国においては日中戦争がその一環だと認識する者もいた。彼らは、戦時に自由がなければ国家は戦う術をもたない、とさえ主張した。このように自由の必要性と意義を強調したからこそ、彼らは、自由を圧殺するソ連の社会主義体制を痛烈に批判した。ただし、興味深いのは、共産主義者は本来理論的には自由を否定できないはずだとして、共産党を排除しなかったことである。だからこそ共産党も、憲政運動を擁護した国民党内のリベラル派孫科を、政治的な文脈であるにせよ、高く評価したのだった。『今日評論』などで活躍した知識人たちは、戦時下の昆明において、このようにして容共リベラリズムを静かに育んでいった。

　こうして、これら4つの政論誌は、自由を大いに語り、民主政治を大いに論ずることに多大な貢献を果たした。だからこそ、昆明は「民主の要塞」（「民主堡塁」）と呼ばれ、西南聯合大学に集った知識人や学生たちは、憲政運動をたびたび高揚させたのだった。

憲政運動と民盟

　昆明で憲政運動が活発化した理由の1つは、龍雲が容共政策をとり、政治的立場に関係なく多くの人々が憲政運動に参加することを陰に陽に支持したからだった。だからこそ、国民党政権は、龍雲に対して反共政策を実行するように圧力をかけた。しかし、彼は、その圧力をのらりくらりとかわし続けた。

1943年秋、国民党政権が第二次世界大戦の勝利を見越して戦後に憲政を実施すると公言すると、雲南でも民主政治を求める言論が拡大し、国民党の一党独裁に反対し、より自由でより民主的な憲政を求めるようになった。省内の各地に避難していた共産党員や左派系の文化団体も次々に昆明に戻り、西南聯合大学で再建された共産党支部も学生たちの間にその影響力を浸透させていった。中国民主政団同盟の昆明支部には、主任委員の羅隆基以外にも、費孝通ら著名な知識人が委員として名を連ね、李公樸や聞一多ら数多くの著名人が参加した。このようにして憲政運動は、共産党員を内部に抱え込みながら大衆運動のような性格を帯び始め、五四運動などの記念日を迎える度に、数千人規模の講演会が開催された。国民党政権の独裁政治を非難する憲政運動は、すべての力を動員し結束させるためにも、政治を国民に一日でも早く還すように訴えた。

　1944年9月、憲政運動を支えていた中国民主政団同盟は、無党派の個人の加盟を認める民盟へと改組され、より大衆的な性格をもつようになった。その民盟も、「ただちに一党独裁をやめ、各党派の連合政府を樹立し、民主政治を実行すること」を要求し、共産党と歩調を合わせるかのように国民党政権を厳しく批判した。

　実は龍雲は、1944年末に民盟に秘密裏に参加した。憲政運動を担う学生たちに理解を示していた龍は、「彼らが騒ぎをおこすのは政府のやり方に妥当でないところがあるからだ。彼らは意見をもっており、政府が改善さえすれば、彼らは言うことを聞くだろう」と述べ、省参議会に対して、民意を代表して人々の苦しみを和らげることを蔣介石の国民党政権に請願せよ、と強く促した。このような彼の政治態度は、民盟と同じであった（石島紀之2004）。

　しかし、蔣介石も黙ってはいなかった。日中戦争が終結した後、

かねてから雲南に対する統制を強化しようとしていた蔣は、雲南省主席の座から龍雲を引きずりおろし、1945年10月、かわりに盧漢を任命した。

対して、雲南側も、このような蔣介石によるあからさまな圧力に対して、無抵抗だったわけではない。選挙によって新たに成立した省参議会は、「雲南は雲南人の雲南である」との郷土意識から、第三勢力や共産党と連携しながら、蔣介石ら国民党政権に抵抗した。龍雲は、避難先の香港で、蔣介石と決裂する意志を示し、盧漢に対しては、共産党に協力（「起義」）するように促した。人民共和国が成立した2か月後の1949年12月、盧漢は蜂起して人民共和国に合流した。その後、龍雲も北京に移った。

第3節　雲南における信教の自由と共産党

少数民族地域としての「大後方」雲南

ところで、雲南は少数民族地域としても特殊な地域であり、そのことが雲南のリベラルな空間を創出したことも無視できない。

雲南は、漢族と少数民族がそれぞれの居住地を、高度においても、その水平面においても、明確に棲み分けていた。また、言語系統によって分類したとしても、雲南はかなりの多様性をもっていた。漢族を除く主要な少数民族に注目しただけでも、チベット・ビルマ語群にイ族、ペー族、ハニ族、リス族など13の民族が、カム・タイ語群にはタイ族、チワン族など4つの民族が、ミャオ・ヤオ語群にはミャオ族とヤオ族が、漢語群には回族が、モン・クメール語族にはワ族など3つの民族が、モンゴル語群にはモンゴル族が、ツングース語群には満洲族がいた。

このように雲南の少数民族は、各地に広く分布しており、その人口分布には3つの特徴がある。第1の特徴は、少数民族が主に省の辺境地帯に居住していることである。彼らは、人為的に引かれた国境によって国籍を異にしながら、経済、文化、婚姻の面で密接な関係を保持している。第2の特徴は、多くの少数民族が山地に居住していることである。高度が中程度以上の山地には、少数民族の約3分の2が居住している。第3の特徴は、各少数民族はそれぞれに居住地をもっているが、その内部には違う民族も入り混じっていることである。少数民族が自給自足の社会を形成しながら、18世紀半ば以降に大量に移住し始めた漢族が彼らの居住地に雑居していた（石島紀之2004）。

確かに、雲南の各少数民族も、近代化の波に覆われるなかで、漢族に同化しつつあった。しかし、雲南における雑種性が、民国期に一気に消滅したわけではなかった。それぞれの慣習や文化に比較的に寛容な政治環境は残された。雲南のリーダー龍雲がイ族だったことも、大きく影響していよう。

さらに、雲南は、すでに確認したように、日中戦争期には「大後方」としての役割を担うことになった。そのため、中国全土の宗教関係者や宗教組織も、自ずと大挙して雲南に疎開してきた。戦時下の団結とそのための自由を重視した雲南は、信教の自由に対して事実上寛容だった。たとえば、キリスト教の場合には、先行研究の一節を引用して紹介すると、次のような状況だった。

> 日中戦争が勃発した後、雲南は抗戦を支える後方となり、多くの教会組織と宣教師をうけ入れたため、各教会の雲南での活動はますます活発になった。同時に、アメリカの介入により、イギリスが主導してきた「5派が雲南での活動を分けて

おこなう〔内地会（China Inland Mission）、聖道公会、聖公会、五旬節会、YMCA が昆明キリスト教連合会を組織して、それぞれが雲南での布教活動を別々におこなう〕」という状態が打破されることになり、教会は雲南に入りやすくなった。こうして、もともと雲南にあった多くの教会は人員や物資を増強していった。たとえば、聖公会は、〔湖北省〕武昌で開学した華東大学や広東で開学した嶺南大学を 1938 年前後に大理に移し、孤児院や幼稚園を開設した。また、内地会は河南省開封から雲南に移動して、大理で病院や看護学校を開いた。他方で、もともと雲南になかった多くの教会組織も、続々と雲南に移ってきた。たとえば、1938 年に雲南に入ってきた YWCAやキリスト友会、さらには、その後一時期だけ布教活動をおこなった新義会、1940 年に雲南に入った中華基督教会などである（肖耀輝等 2004）。

　この信教の自由は、民国期のリベラリズムの質を研ぎ澄ませたり、民国期のリベラリズムの方向性に変化を与えたりしたわけではなかった。しかし、信教の自由という空間は、間違いなく、民国期のリベラリズムの実践を支えていた。宗教関係者が容共の雲南の有力者によって保護されていたことが、当時の雲南における容共リベラリズムの空間を保持することにつながっていた。実際、宗教関係者のなかには、共産党とつながりをもつ者もいた。この点を、仏教の活動に焦点をあてて確認しておこう。

仏教圏としての雲南

　雲南は、地理的にみても、歴史的にみても、大乗仏教、チベット仏教、上座仏教などが複雑に入り組んだ地域である。ここでは、民

国期以降の雲南における主要な動きのみに絞っておきたい。

　民国期の仏教界は、端的にいってしまえば、改革と再建に奔走せざるを得ない状態だった。1912年に中華仏教総会が上海で設立され、四大高僧と呼ばれた虚雲大師（きょううん）、太虚大師（たいきょ）、弘一大師（こういつ）、印光大師（いんこう）が各地で仏教界の復興に励んだ。この四大高僧のうち、虚雲大師と太虚大師は、雲南とも深く関係していた。

　虚雲大師（1873〜1959／湖南省湘郷）は、中華仏教総会の支部として雲南仏教会が設立されると、その会長に就いた。雲南の鶏足山（けいそくさん）は、中国、東南アジア、南アジアに広がる仏教徒にとっての聖地で、今日でも中国十大仏教名山の1つとして知られているが、荒廃していたこの地を民国期に再建したのが、他ならぬ虚雲大師だった。また、昆明の華亭寺を修築して雲南の仏教活動の中心地へと引き上げたのも虚雲大師だった。

　やがて、上海の中華仏教総会とは別に、南京に中国仏教会が成立すると、虚雲大師が雲南で副会長を務めた四衆仏教総会が雲南省仏教会と改称され、中国仏教会の雲南支部となった。この時に、南京で仏教界の改革運動を推進していたのが太虚大師（1890〜1947／浙江省崇徳）であり、雲南の仏教改革にも支援を惜しまなかった。たとえば、昆明に雲南仏学院を開設し、雲南省主席の龍雲を雲南省仏教会の名誉会長に迎え入れるなどした（雲南省社会科学院宗教研究所1999；王海涛2001）。

　雲南の仏教界は、四大高僧のうち2人の大師の力を借りながら、民国期に復興を成し遂げた。雲南は、こうして信教の自由の場を、とりわけ中国全土から多くの人々が疎開してきた日中戦争期において維持し、拡大したのだった。

雲南の仏教と実力者と共産党

　実は、雲南には、信教の自由と容共リベラリズムをめぐって、さらに注目すべき現象があった。それは、雲南における政治と宗教（仏教）の関係である。

　既述したように、雲南には雲南陸軍講武堂が設置され、数多くの軍人が、日本への軍事留学や軍事視察などを経て、養成されていった。雲南陸軍講武堂の教官や卒業生のうち、雲南の辛亥革命に貢献した李根源、雲南軍の創設者である唐継尭、そして、雲南陸軍講武堂で朱徳、葉剣英と同期で、かつ唐継尭にかわって日中戦争期まで雲南の独自性と自立性を維持し、戦時下では共産党にも寛容な姿勢で臨んだ龍雲らは、雲南の政治情勢を何とかして安定させようとした。裏返していえば、雲南は、相応の実力者が不在になれば、いつ不安定になってもおかしくなかった。

　おそらく、こうした不安定な政治、軍事情勢のなかで国に命を捧げた軍人たちを慰霊するために、雲南の多くの実力者は、仏教を信奉し、自らの政治的、社会的な影響力を行使したのだろう。実際、彼らは、省内の仏教活動を積極的に保護した。

　李根源は、虚雲大師の鶏足山と華亭寺での修築活動を支援した。唐継尭も、華亭寺の仏教活動を援助して、その活性化を促した。龍雲は、彼ら以上に積極的な支援策を講じた。とりわけ有名なのは、雲南省仏教会の名誉会長を務め、荒廃していた寺院の資産を保護しようとしたことである。太虚大師が寺院の資産保護を求めると、龍はその要求にも積極的に応じた（雲南省社会科学院宗教研究所1999；王海涛2001）。

　こうして龍雲は、戦時下で緊張状態にあった雲南の人々に安寧の場を与え、省内の人心を掌握することで、雲南の独自性と自立性

を確保しようとした。共産党は、周知のように宗教には不寛容だが、それでも龍雲との間に直通のルートを構築することで自らの活動空間を確保したいと考えており、雲南での仏教活動も政治利用した。だからこそ、雲南仏教界の再生に尽力した虚雲大師は、日中戦争期に国民党政権の要請をうけて重慶に移ったものの、のちに人民共和国が成立すると、そのまま中国にとどまったのである。中国仏教会が1953年に成立した際、虚雲大師は、人民共和国の成立以前から共産党を支持していたと思われる高僧（喜饒嘉措、圓瑛、法尊、巨賛、趙樸初）らとともに、同会に参加したのだった。

このように信教の自由と容共リベラリズムの空間を読み解いた場合、とりわけ注目に値する雲南の仏教関係者が、江映枢、江勃森の親子だった。

江映枢（1880〜1953／雲南省建水）は、江燦北（こうさんぼく）として広く知られる軍人である。彼は、日本の陸軍士官学校に留学し、国民党広西派の李宗仁とは広西陸軍小学校の同級生で、龍雲との関係も良好だった。1930年前後に隠居して仏門の世界に入った江映枢は、日中戦争期には重慶で余生を過ごし、蔣介石との関係もまずまずだったようである。ある記述には、「孫文革命の志士」だった彼の部下には「毛沢東をはじめ蔣介石など多士済々な人物」がいた、と紹介されている（江勃森「中国紅卍会の大予言」『宝石』第2巻第3期、1974年3月）。

このエピソードが真実かどうかはわからないが、江映枢は、雲南という地域にも、そして国民党にも、さらには共産党にもうけ入れられやすい人物だったのだろう。実際、彼は、蔣介石が龍雲を解任すると、国民党広西派の黎蒙らによって要職で起用されることを期待され、また、制憲国民大会では雲南省建水の代表に選出されたほ

どだった。さらに、江映枢は共産党の朱徳とは義理の兄弟関係にあり、彼が人民共和国の成立前後に香港に移住すると、朱徳がわざわざ北京に来るように説得したほどだった（昆明市委員会文史資料研究委員会編印 1988；楊真維 2000）[*26]。

この江映枢の長子が江勃森である。龍雲の親族者を妻とした江勃森は、もともと弱者に手を差し伸べる平和主義者だったようで、布教活動に専心した。その活動は 1950 年代以降の香港において顕著であり、その範囲もベトナムやラオスへと拡大していった。1960 年代には、仏教、道教、儒教、キリスト教、イスラム教に共通する精神を統合して、世界のすべての人々を救おうと考えた（「江勃森居士、ベトナムに赴き、密宗の精義を説く」『華僑日報』1956 年 3 月 27 日；「江勃森阿闍黎、密宗の法要を説く」『華僑日報』1961 年 7 月 22 日）。

そもそも日中戦争期の雲南では、「阿吒力教」やチベット仏教系の密教が流行し、その関連団体である金剛乗学会の会長には、日本陸軍士官学校第 6 期卒の雲南の元軍人で、朱徳とも知己の間柄である黄毓成（こういくせい）（黄斐章）が就いた。こうした雲南の有力者と共産党が仏教を介して繋がっていたこと、そのような信教の自由が容共リベラリズムの空間を支え、その空間を人民共和国成立後に香港へともたらすことに貢献した象徴的人物こそが、この江親子だった。むろん、戦時下の広西から香港に同質の空間を直接運び込んだ人物として、国民党広西派のジャーナリスト黎蒙がいたことも忘れてはならない。

米ソ冷戦下の反共リベラリズム
——香港と台湾

第1節　台北における民国期のリベラリズムの系譜
——『自由中国』

民国期のリベラリズムの本流としての『自由中国』

　日中戦争終結後の民国の時代は、国民党と共産党が内戦を繰り広げ、米ソ冷戦の影が東アジアを徐々に覆っていった時代だった。したがって、民国期のリベラリズムは、共産党にも親和的な、文字どおりの理性的な寛容さをもちあわせた容共リベラリズムとは別に、共産党の一党独裁志向をイデオロギー面から徹底的に批判することで、自らの理性と寛容さを主張する反共リベラリズムをも増長させた。1950年代以降、この反共リベラリズムの本流は、台湾へと向かった。その主たる舞台となったのが、『自由中国』（1949〜1960）である。この政論誌は、国民党政権の内外で民国期のリベラリズムを支えてきた一群によって、1949年11月に台北で創刊された。主要メンバーは、政権に関与しながらも政権の外部から民国期のリベラリズムを代表していた胡適、政権の内部から民国期のリベラリズムを牽引していた雷震、政権の内部から外部へと離反していった民国期のリベラリスト殷海光だった。胡適は創刊当時の発行人であり、彼が1952年にその職を辞すと、編集実務の責任を負っていた雷震が、『自由中国』の実質的な責任者となった。台湾でリベラリストとしての立場を鮮明にした殷海光も、1950年代後半か

ら、『自由中国』に積極的に関与した。

　胡適と殷海光についてはすでに触れているので、雷震の経歴のみ、簡単にまとめておきたい。

　雷震（1897〜1979／浙江省長興）は、1920年代に京都帝国大学に留学した。その京都留学時代に、雷は憲法を専門に学んで、近代立憲主義に傾斜したとされる。日中戦争期には、戦時下で民意を集約する国民参政会で副秘書長を、また、国民参政会憲政期成会では秘書長を、さらに、日中戦争終結後に開催された政治協商会議でも秘書長に抜擢された。要するに、彼は、第三勢力や共産党との調停作業を実践しながら、いわば多党制に基づく民主政治を疑似体験し、その経験則から自らの憲政理論を成熟させていったのである。張君勱が政治協商会議で作成した憲法修正原則は、蔣介石らが支持する五五憲草を根底から揺さぶるものだったが、彼は、この張君勱の憲法構想に近かった、といわれている（本書88頁参照；薛化元2002）。

　さて、話を戻そう。

　とても興味深いことに、胡適、雷震、殷海光という主要なメンバーは『自由中国』の創刊時から足並みをそろえ、すべての名前が創刊号に記されている。創刊号に掲載された「『自由中国』の趣旨」は、次のように態度を表明している。ちなみに、書き手は胡適である。

　　私たちは今日、共産党が武力で踏み入れた地域には直ちに分厚い鉄のカーテンが敷かれていることを、一目見れば分かる。この鉄のカーテンの下では、新聞にはまったくニュースがなく、言論は完全に自由を失い、その他の基本的自由も存在し得ない。これこそ、古代の専制君主でさえもあえておこなわなかった徹底的な愚民政治であり、国際共産主義によ

る計画的な鉄の恐怖政治である。しかし、私たちは、このような恐ろしい鉄のカーテンが中国全土に広がっていくことを黙って眺めているわけにはいかない。そこで、私たちはここに結束して、これを「自由中国」運動の1つの起点とする。

胡適と雷震と殷海光

この『自由中国』の創刊号には、胡適「民主と強権の衝突」、雷震「独裁で残虐な人間性にもとる共産党」、殷海光「思想の自由と自由な思想」が掲載されている。

胡適は、民主政治と強権政治（独裁政治）の衝突が2つの面で表れている、と整理した。衝突の1つは、急進的な革命の方法を採るのか、それとも、漸進的な改良の方法を採るのかということである。もう1つの衝突は、強制的な画一化を迫るのか、それとも、自由に発展することを重視するのかということである。この2つの対立点のうち、どちらを採用するのかといわれれば、言わずもがな、胡適の回答はいずれも後者だった。

> 民主的な生活スタイルと民主的な制度を擁護するためには、健全な個人主義がもつその価値自体に対して、明確な理解がなければならない。また、民主主義の緩やかで漸進的な改善がなぜ重要なのかについて、深い認識がなければならない（胡適「民主と強権の衝突」『自由中国』創刊号、1949年11月）。

雷震は、『自由中国』の創刊時において、いかにも国民党員らしく、自由や民主政治とともに反共の論理を全面に押し出した。雷は、現在の共産党は自由を欲せず、平等を貴ばず、博愛も軽視していると切り捨てて、この3要素の歴史的成立過程と意義を滔々と解説した。そうして、「私たちは自由を獲得しなければならず、それは共産党

とは両立し得ない」、「マルクス・レーニン主義が必ず失敗することは、その運命としてすでに定められている」と、台湾および中国の同胞にむけて訴えかけた。

殷海光は、まず、外部の環境下で保障される自由を「思想の自由」と呼び、その外部の環境の如何にかかわらず、個人の内面にある、独立した思想を形成する力を「自由な思想」と呼んで、両者を峻別した。この前提に立って殷は、次のように主張した。

> 私たちが思想の自由を実現したいのであれば、自由に思想できなければならない。自由に思想できる人だけが、正真正銘の思想の自由を実現できる。したがって、思想の自由を争い取るという困難な事業は、自由に思想する力をもった人が自分で完成させなければならない(「思想の自由と自由な思想」『自由中国』創刊号、1949 年 11 月)。

胡適と雷震と殷海光のリベラリストとしての台湾における出発点は、以上のとおりだった。

国民党政権の独裁化と『自由中国』の反発

反共リベラリズムを掲げた『自由中国』は、民主政治の重要性を説きながら、当初は、憲政を実現した国民党政権を支えていた。もちろん、支えていたといっても、反共民主の論理によって、国民党政権の対中政策をイデオロギーの面から支えていた、という極めて政治的な支持だった。しかし、いずれにせよ、当初の『自由中国』は、国民党政権と近い立場にあったわけである。

国民党政権内部のリベラルな一群は、蒋介石が下野した1949年1月から国民党が「改造」をおこなった1950年8月までの間、蒋介石とは良好な関係を保った。雷震と王世杰は、蒋介石が下野し

た際に、彼の反共路線を明確に支持したことから、渡台後まもなく、雷は国民党総裁辦公室設計委員会委員および総統府国策顧問に、王は総統府秘書長に起用された。また、開放的でリベラルな都市上海の市長を1940年代後半に務めた呉国楨は、蔣介石が対米関係を重視せざるを得なかったことから、台湾省主席に起用された。

　ところが、この蜜月時代は長くは続かなかった。国民党の「改造」以後、蔣介石を中心とする独裁的な政治体制が確立されると、『自由中国』は国民党政権との亀裂を徐々に深めていった。同誌は、当初こそ国民党政権と良好な関係にあったが（1949年11月～1951年5月）、少しずつ摩擦を発生させ（1951年6月～1954年12月）、緊張した関係（1955年1月～1956年9月）から亀裂を深める関係（1956年10月～1958年12月）へと変化し、最後には対立関係に陥った（1959年1月～1960年9月）。この対立関係へと向かった要因の1つが、蔣介石が憲法を改正してまで総統の連続3選にこだわったことだった（薛化元1996；任育徳1999）。まさに、蔣介石の独裁体制が台湾の自由をどうするつもりなのかが、否応なしに人々の関心事となった。

表現の自由をめぐって

　本書は、リベラリズムと形容される現象を中国、香港、台湾において浮かび上がらせることに主眼をおいており、自由の原理を探究して、中国、香港、台湾のリベラリズムに新たな定義を加えることを目的としているわけではない。しかし、自由が過去においてどのように定義され、また将来においてどのように定義されるにせよ、言論や思想の自由を含む表現の自由が最も核心に位置する自由の構成原理だということは、広く認められるところであろう。かりに、

この理解が単純すぎるという批判があったとしても、20世紀の中国、香港、台湾において、表現の自由が最も重視される傾向にあったことは、指摘しておきたい。

　そこで、表現の自由を制限しようとした出版法をめぐる台湾内部の動きを、整理しておく。

　中華民国憲法にもとづく憲政への移行が日中戦争終結後に秒読み段階になると、自由を制限する出版法の大幅な緩和ないしは廃止が、政権外の知識人や社会の意向を汲み取った立法院から求められるようになった。ところが、国民党の宣伝部は、国共内戦という戦時の論理を維持したい蔣介石の意図をくみ取りながら、出版法の修正作業に取りかかった。この修正草案は、政府機関である内政部との調整を経て、一旦は統制色を弱めたかに思われたが、従来の出版法と同等かそれ以上に統制色を強める結果となった。ところが、この修正草案は、政府機関の行政院を通過したものの、憲政実施後に直接選挙で選出された立法院が難色を示し、本会議で審議されることはなかった。表現の自由を重視した民国期のリベラリズムが政権の内外に存在していたことを物語っている（中村元哉2015C）。

　とはいえ、国民党政権が台湾へ逃れると、政治情勢が一変した。

　国民党政権は、米ソ冷戦下での国共内戦を乗り切るために、党勢の立て直しを迫られ、国民党の「改造」を断行した。その結果、「改造」の余波をうけた立法院は、内部で派閥対立を激化させた。この派閥対立は、出版法修正草案の審議にも、少なからず影響を与えた。

　たとえば、報道の自由を含む表現の自由の保障を求めた国民党員には、かつての党内主流派だったCC系[*27]と呼ばれたグループに属する党員が多く、他方で、出版法修正草案を支持した国民党員

には、主流派となりつつあった三民主義青年団*28系や蔣経国の特務系など、いわゆるCC系と対立する党員が多かった。別の言い方をすれば、主流派となった三青団系立法委員が修正草案を支持し、CC系立法委員がCC系を排斥しようとする当時の党内主流派に抵抗するために、報道の自由を含む表現の自由を重視した、ともいえる（松田康博 2006）。

しかし、CC系に属する国民党員の多くは、1949年以前の民国期から、自由を擁護していた。国民党機関紙の南京『中央日報』および重慶『中央日報』の社長を務めた程滄波は、1940年代後半に世界規模で展開された国際報道自由運動に共感し、中国における報道事業の自由な発展の道を模索した。重慶『中央日報』社長を歴任した陳博生も、憲政実施直後の1948年の時点から、修正草案には慎重な立場をとっていた。つまり、国民党政権内部の民国期のリベラリズムが、彼らの発言の根底には流れていたわけである。

1951年12月、出版法修正草案は、ようやく立法院の本会議に提出された。そして、翌年3月、修正出版法は、1945年から約7年の年月をかけて、ついに立法院を通過した。もちろん、この修正出版法に不満をもつ国民党員も多かった。陳博生もその1人で、彼は「事前に多くのことを考慮したほうがいい」（薛化元等編注 2004）と述べて、最後まで自由を制限することに抵抗したことから、国民党から除名処分をうけた。

以上のように、表現の自由をめぐって国民党がその内部で対立を解消できない状況下で、国民党政権内部のリベラルな一群とみなされてきた雷震、呉国楨、王世杰も相次いで罷免される事態となった。修正出版法が成立した翌年の1953年のことだった。

反共反国のリベラリズムへの転換──『自由中国』事件

　台湾に注ぎ込まれた反共リベラリズムは、1950年代半ば以降、ますます国民党政権の独裁化を批判し始めた。いわば、共産党のみならず国民党にも反対（以下、反国）するリベラリズムへと変質したのである。これは、具体的な言説を紹介せずとも、次のような『自由中国』の社論タイトルからも直ぐに読み取れるだろう。

　　社論「総統が違憲状態に陥ること勿れ」（『自由中国』第18巻第2期、1958年1月）

　　社論「一党専制を取り消せ！」（『自由中国』第20巻第2期、1959年1月）

　こうして『自由中国』は、雷震を筆頭にして、国民党に対抗し得る新たな政党（野党）を結成することで、国民党政権の独裁化を防ぎ、中華民国憲法に基づく本来あるべき憲政を取り戻そうとした。

　実は、雷震は、渡台した直後から、集会・結社の自由を重視し、野党の必要性に言及していた（「反対党の自由をどのように確保するのか」『自由中国』第2巻第7期、1950年4月）。雷は、1954年末に「教育の危機を救え」という投書を『自由中国』に掲載したことで国民党から除籍処分をうけたため、台湾内部で新たな政治勢力の結成を目ざしていた「中国地方自治研究会」と連携して、中国民主党の結成を準備した。

　こうした伏線の上に、雷震は「なぜ私たちは切迫して強力な反対党を必要としているのか」（『自由中国』第22巻第10期、1960年5月）を公表した。この迫力に満ちた文章は、次のような率直な物言いで読者に訴えかけている。

　　　私たちは、民主政治を信じる人々が直ぐに集まって、1つ

の強力な反対党を組織し、〔台湾内部の〕地方レベルでの選挙準備にとりかかることで、現在のような国民党独裁の局面を打開したい。この反対党は、無党無派の人々のみならず、民主政治と自由を重んじてやまない国民党籍や民社党籍、青年党籍の人々も含むことになるだろう。この新しい政党による「効用」とは、選挙によって政権の獲得を目標とすることである。

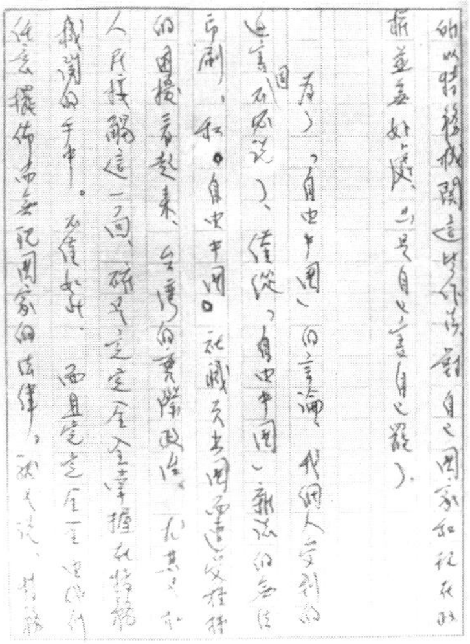

図11 雷震が獄中でつづった文章．特務機関が好き放題に法を犯している、と痛烈に批判している．(陳世宏等編『雷震案史料彙編―雷震獄中手稿』国史館, 2002年, 271頁)

しかしながら、この文章と雷震の一連の行動は、国民党政権の逆鱗に触れてしまった。国民党政権は、かつて国民党の中枢を担った功労者に対して、あまりにも苛酷な処分を下すことになった。まず、台北『中央日報』の社論「政党の承認問題を論ず」(1960年7月29日)で、新たな政党を承認しないとの立場を表明した。さらに、同年9月には、雷震を「共産党員を知りながら通報しなかった」罪と「共産党のために宣伝した」罪で逮捕して、懲役10年の刑に処した。あわせて、『自由中国』も停刊処分とした【図11】。

この『自由中国』事件の結果、中国民主党を結成する動きは頓挫した。20世紀前半の民国に源流をたどれる反共反国のリベラリズムは、一旦は途絶えた。

この反共反国のリベラリズムは、台湾からすれば、外来から移植されたものに過ぎなかった。また、日中戦争期の抗日運動を通じて台頭した台湾の政治エリートが二二八事件[*29]によって壊滅的なダメージをうけていたことから、そもそも台湾社会に根を張ることも難しかった。しかし、それでも、反国という権力批判のリベラリズムの文脈において、外来の中国と在来の台湾とを結びつける役割を幾ばくかは果たした（薛化元 1996；若林正丈 2008）。このリベラリズムは、1970 年代以降、台湾のリベラリズムへと徐々に変質していくことになった。

第 2 節　香港における民国期のリベラリズムの系譜
――『自由陣線』と『聯合評論』

民国期のリベラリズムの新しい拠点形成をめざして

　アメリカは、日中戦争終結後に、東アジアの中心国として中国に期待した。しかし、民国が台湾への撤退を余儀なくされると、アメリカは、その主たる責任を国民党政権の無能さに求める『中国白書』を公表した。人民共和国の成立前後に民国にも人民共和国にも未来を見出せなかったリベラリストの一部は、香港に逃れることを選択した。この一群の勢力は、『中国白書』のメッセージをアメリカが民国を放棄したことと同義だと解釈して、そのアメリカと米ソ冷戦下で新たに連携するための拠点を香港で形成しようと考えた。それが、国共両党のいずれにも属さない新しい第三勢力の形成を目ざす、香港発の民国期のリベラリズムを復興させようとする動きだった。

　この運動は、反蒋介石の立場をとる国民党広西派で香港を経由して渡米した李宗仁や、国民党左派で日中戦争期に日本に協力した

「漢奸」の汪精衛とも元来近い関係にあった顧孟余、憲政実施後に立法院院長に任命された国民党CC系の童冠賢らを中心メンバーとした。また、この運動の後ろ盾となったのが、反蔣派の国民党員張発奎だった。分かりやすくいえば、この香港での動きに関与した人々は、自由を尊重するが故に人民共和国も共産党も支持しないが、だからといって蔣介石の国民党政権も積極的に支持できないと判断した人々、あるいは「漢奸」に近い存在だったからこそ香港にしか行き場がなく、かつ民国期のリベラリズムに共鳴することで生き残りを図ろうとした人々だった。そうした彼らによって組織されたのが自由民主同盟であり、これが直ぐに有名無実化すると、新たに中国自由民主戦闘同盟が結成された。この新組織には、青年党の左舜生や李璜、謝澄平、そして民社党の張君勱も合流し、表向きは民国期のリベラリズムを継承するに相応しい組織だった（陳正茂 2008）。

ところが、アメリカはこの組織に資金援助したものの、中国との関係を安定させたいイギリスは同組織に警戒心を解くことはなく、共産党も新華社などを通じて切り崩し工作を展開した。また、この組織を支えるはずだった青年党の内部では、対立が激化した。そのため、中国自由民主戦闘同盟は、ほとんど目立った活動をできないまま、事実上空中分解となった。同盟に参加した人々のなかには、周恩来が1955年にアジア・アフリカ会議で団結を呼びかけると、それに呼応して人民共和国との連携を深めたり、人民共和国へと戻ったりする者も現れた。国民党広西派の程思遠や、銭穆ら現代儒家に近い立場にあった羅夢冊らがそうである。

中国から香港へと注ぎ込まれた反共リベラリズムは、米ソ冷戦下の中台分断という状況を逆手に利用して、リベラリズムを文字どお

り運動化しようとしたが、そのための強力な組織の建設には失敗し、香港内部でも徐々に漂流し始めた。

漂流する民国期のリベラリズムと『自由陣線』

その漂流し始めた民国期のリベラリズムを1950年代に何とかまとめ上げたのが、『自由陣線』（1949〜1959）だった。その表紙には、「自由がなければ絶対に生き残れない。戦線（「陣線」）を結成してこそ力になる」というスローガンが掲げられた。青年党の左舜生や謝澄平を総責任者とするこの政論誌は、民社党の張君勱の協力も得ながら発行された。その編集責任は、20世紀後半の香港において政論家として確たる地位を築くことになった司馬長風（胡越）らが負い、毎号の巻頭論文は、青年党系の張葆恩が頻繁に担当した。この政論誌は、国民党やアメリカから資金援助をうけていた友聯社によって支えられていた。

『自由陣線』の理念は、政治の民主、経済の公平、文化の自由だった。これを政治的立場から別の言葉で要約すると、同誌は、反共のための自由と民主政治を掲げ、中華文明を継承できるのは人民共和国ではなく民国である、との立場をとったことになる。また、時折、リベラリズム陣営の一員である日本にも期待し、少なくとも運動としてのリベラリズムで連携しようと呼びかけた（社論「日本の民主的で自由な人々に謹んでお伝えする」『自由陣線』第6巻第8期、1951年8月、沛然「自由なアジアの建設を主張する3つの問題点」『自由陣線』第23巻第11期、1955年8月）。

反ソ反共と反米反国のリベラリズム

ところが、『自由陣線』は、1950年代半ばから、国民党政権が台

湾で独裁化に向かいつつあると認識すると、反国の論理も混ぜながら、民国は自由と民主政治を発展させなければならない、と主張するようになった。やがて台湾において『自由中国』への逆風が強まると、この政治主張はますます強まった（社論「蔣介石の『民主』と毛沢東の『憲法』」『自由陣線』第18巻第2期、1954年4月；謝澄平「自由な人民による革命が始まった！（社論に代えて）」『自由陣線』第33巻第5・6期、1957年10月；謝澄平「『台湾を民主的に改造する』問答」『自由陣線』第35期第11期、1958年5月）。

さらに、この反国の論理は、反共リベラリズムを基調とする自由で民主的な民国こそが中台の分断を解消すべきだ、という政治主張を勢いづかせた（社論「私たちは『台湾の中立』に一貫して反対する」『自由陣線』第23巻第5期、1955年6月）。加えて、反国の論理は、反米の論理にも拡大していき、冷戦下のアメリカの世界戦略をソ連と同様に帝国主義の文脈で批判的にとらえることさえあった（區志強2018）。だからであろうか、『自由陣線』は、香港という狭い地域を越えて広域的な新たな戦線を形成するために、台湾や海外華僑に対する発信をとくに重視した。

とはいえ、『自由陣線』には明らかに限界があった。この政論誌は、同時代の香港や台湾で争点となった話題、たとえば儒家思想と民主精神の関係性について議論の場こそ提供したが、イギリス統治下の香港における反共リベラリズムを反ソ反共かつ反米反国へと変質させようとしていたにもかかわらず、香港の人々の心を掴もうとしなかった。香港の人々にリベラリズムの重要性を理解してもらうためには、リベラリズムが香港の自立性にどのように貢献できるのかを積極的に示す必要があったが、『自由陣線』は香港の自立性についてほとんど言及しなかった（社論「香港を自由、正義の社会として

建設する」『自由陣線』第 28 巻第 7 期、1956 年 8 月）。いや、おそらく、言及できなかったというのが正解かもしれない。なぜなら、『観察』や『自由中国』のような重厚感のあるリベラルな論調が少なく、なぜリベラリズムが必要なのかが香港の読者にはもともと伝わり難かったからである。わずかに、蕭怡「リベラリズムの本質と方向を論ずる」（『自由陣線』第 40 巻第 10 期、1959 年 6 月）があるぐらいだった。

こうして『自由陣線』は、1950 年代末に役割を終えた。その活動は、青年党系の自由出版社に引き継がれたが、事実上の後継誌は『聯合評論』となった。

ちなみに、『自由陣線』と類似の傾向をもつ別の政論誌として、『自由人』（1951 〜 1959）がある。『自由人』の編集責任者は、台湾へ移った後も表現の自由を重視し続けた民間のジャーナリスト成舎我であり、雷震ら国民党内のリベラルな一群や青年党、民社党系の知識人たちからも支持を得ていた。『自由人』は、『自由陣線』と比較すれば、より国民党とアメリカに近い立場をとったことに 1 つの特徴がある。

国民党政権と対峙する『聯合評論』

『聯合評論』（1958 〜 1964）は、青年党の左舜生を総編集として創刊された。その理念は、明瞭である。すなわち、中華民国憲法を正常に運用することで、民国の民主政治を徹底して回復する、というものだった（「発刊詞」『聯合評論』1958 年 8 月 15 日）。この政論誌は、『自由陣線』に参加した多くの人々の受け皿となり、香港のリベラリストを何とかして懐柔したかった国民党からは、友聯社を介して資金を援助された。しかし、同誌は、国民党政権に対する

批判を強めると、友聯社からの援助を 1962 年に打ち切られ、台湾への搬入も禁じられた。この政論誌は、内外情勢に対する正確な論評ゆえに、共産党政権やアメリカからは重用されたが、台湾の国民党政権からすれば、最も手に負えない政論誌だった。

　『聯合評論』の最大の特徴は、香港における反共リベラリズムの変質を、『自由陣線』以上に、はっきりと表わしたことである。すなわち、反共でありながら、独裁をすすめる蔣介石の国民党政権を真正面から批判し、『自由中国』の停刊後には、同誌にかわって香港から民主憲政論を浴びせ倒したことである。その主張の先には、当然に、中華民国憲法によって本来あるべき民主憲政を取り戻した民国こそが大陸反攻を成し遂げなければならない、との信念があった。これは裏返していえば、大陸反攻のためには、台湾の民国がまず民主憲政を定着させなければならない、ということである。

　左舜生は、共産党を全面批判しながらも（左舜生「中国共産党は何を考えているのか？」『聯合評論』1959 年 7 月 31 日；「毛沢東の最後の苦杯」『聯合評論』1963 年 7 月 12 日など）、蔣介石が憲法を改正してまで総統 3 選を目ざそうとする、まさにその独裁ぶりを一貫して批判した。左の「中華民国を救出する時間はもう残されていない」（『聯合評論』1959 年 6 月 19 日）は、蔣介石が総統の座に 3 期連続で居座り続けようとするかぎり、民国の政治改革などすすむはずはなく、民国の憲政を安定させるためには臨時政府を別に組織するしかない、とまで主張した。

　これに対して、台北『中央日報』は、当時国民党政権を擁護するかのような政治姿勢をとった胡適の発言や、左舜生の所属する身内の青年党員らの発言を逆手に利用しながら、臨時政府を組織することのほうが憲法違反だ、と徹底的に反論した（社論「左舜生の『改

革規模』」台北『中央日報』1959 年 6 月 29 日）。左舜生もこれに対して応戦し、『自由中国』も左舜生を個人攻撃するかのような『中央日報』のやり方に反発した（社論「このように問題を解決できるだろうか――左舜生氏の主張と中央日報社論を論評する」『自由中国』第 21 巻第 2 期、1959 年 7 月）。この論争で重要なことは、議論の中身そのものではなく、蔣介石の総統 3 選問題が、『自由中国』と国民党政権という台湾内部の対立から、香港と台湾をまたぐ対立へと拡大したことだった。

　こうして蔣介石の独裁化が焦点となるなかで、『自由中国』が 1960 年に国民党政権によって停刊処分をうけた。『聯合評論』が『自由中国』事件を引き起こした国民党政権を全面批判したことは、容易に想像がつくだろう。

　とはいえ、『聯合評論』は、蔣介石の国民党政権には見切りをつけたが、民国に見切りをつけたわけではなかった。1950 年代の台湾海峡危機を経て「2 つの中国」という言説が浸透し始めると、中華民国憲法を有する民国こそが 1 つの中国の主体だ、との立場を示した（本社同人「いわゆる『2 つの中国』という誤った議論に反駁する」『聯合評論』1959 年 11 月 13 日および【図 12】）。だからこそ、香港は、中国を 1 つに束ね得る正統性をもつ民国の存在を国際社会でアピールするためにも、中国から押し寄せる難民を民国とともに保護せよ、と訴えたのだった（聯合評論、祖国週刊、新社会、自由学人「香港に難を逃れた同胞たちに告ぐ」『聯合評論』1962 年 5 月 25 日）。

　しかし、この『聯合評論』も、香港では根を張れなかった。その理由は、『自由陣線』と同じく、リベラリズムがイギリス統治下の香港の自立性や未来にとってどのように貢献できるのかについて、

ほとんど語れなかったからである。それどころか、たとえば、民社党の孫宝剛は、植民地支配には反対だが、未成熟な中華ナショナリズムが香港で過激化することに警戒心を強め、香港社会に対して不信感を示したほどだった（孫宝剛「民族主義と殖民地問題」『聯合評論』1962年1月19日）。結局、この政論誌に引き継がれた反共反国のリベラリズムは、1960年代の香港においてさらなる発展をとげることはできず、後継誌の『中国民主論壇』（1965〜1967）が創刊

図12　1つの中国を主張できるのは民主憲政の民国だ、との立場を論説のなかで示している．（『聯合評論』1960年2月19日）

されたものの、その勢いは弱まるばかりだった。

第3節　現代儒家のリベラリズム——徐復観

軍人から現代儒家へ

香港には、『自由陣線』から『聯合評論』へと流れていった反共リベラリズムとは別に、もう1つの系譜があった。それが、現代儒家と呼ばれた知識人が20世紀前半の民国から香港にダイレクトに持ち込んだ反共リベラリズムだった。そのなかでも、とりわけ目を惹くのが、徐復観だった。

図13 『民主評論』創刊号の表紙（当初は殷海光も名を連ねていたが、すでに言及してきたように、『民主評論』はやがて殷とは対立することになる．）

徐復観（1903～1982／湖北省浠水）は、1920年代末に日本に留学し、満洲事変に抗議して帰国した。帰国後は軍人となり、日中戦争期には国民党政権の軍事委員会から延安に派遣され、連絡参謀の任にあたった。現代儒家を代表する熊十力（ゆうじゅうりき）に師事したのも、日中戦争期のことだった。日中戦争が終結すると、徐は軍人の世界から退き、現代儒家の1人として学術活動に専心した。1949年に香港に移住した彼は、学術誌『民主評論』（1949～1966）を創刊し、銭穆、唐君毅、牟宗三らといった現代儒家を代表する人物からも協力を得た【図13】。その創刊の辞は、民主政治と独裁政治が世界で対立していると総括して、次のように主張している。

> 最後に勝利するのは、いつも正確な思想である。独裁政治（「極権主義」）は、結局のところ、民主政治（「民主主義」）に屈服するだろう。我われは、このように認識し、このような信念をもって、この一点のために奮闘したいと願っている（「創刊の辞」『民主評論』第1巻第1期、1949年6月16日）。

この創刊の辞には、伝統主義という文字はない。しかし、彼らはみな、共産党政権の人民共和国を独裁政治とみなすと当時に反伝統

主義の政権だともみなして、中華の伝統文化を香港あるいは台湾で維持し発展させようとした[*30]。

こうして『民主評論』は、香港と台湾の現代儒家たちにとって、まさにホームグラウンドのような存在になった。1958年、徐復観は、張君勱、唐君毅、牟宗三と連名で「中国文化のために謹んで世界の人士に告げる宣言」を発信し、自分たちこそが伝統文化の正統な後継者であり、中国での思想文化の破壊行為を非難した。この署名者の1人張君勱は、現代儒家を代表する銭穆の伝統中国政治思想論を批判しており、そうしたことも影響してか銭穆は同宣言への署名を拒否したが、徐復観は、それでも彼らとの連携を維持しようとした。つまり、銭にも配慮しつつ、張のように徳治と法治を融合し、仁政と憲政を融合しようとする現代儒家とも歩調を合わせたのである。まさに、徐は、中国から香港に注ぎ込まれた民国期のリベラリズムにも共鳴していた、といえよう。

では、現代儒家の反共リベラリズムとは、どのような主張だったのだろうか。

現代儒家の反共リベラリズム

徐復観らは、次第に、蒋介石の独裁化を批判し始めた。この点は、『自由中国』や『自由陣線』と同じである。ところが、ややこしいことに、徐復観は、『自由中国』を立ち上げた胡適や『自由中国』の主力となっていった殷海光の反共リベラリズムを批判するようになった。徐復観と胡適、殷海光、ないしは『民主評論』と『自由中国』は、反共リベラリズムでは一致していたにもかかわらず、決定的な相違点も抱えたわけである。

その違いは、一言で表してしまえば、リベラリズムを実践する際

に全面的近代西洋化を容認するか否かだった。すでに確認したように、殷海光は1950年代に全面的近代西洋論へと傾き（本書131頁参照）、対して徐復観は、現代儒家らしく、その姿勢を徹底的に批判した。

　徐復観は、中国の歴史と文化にはヨーロッパ以上にリベラルな精神があると論じており（「リベラリズムとそこから派生したリベラリズムを論ず」『民主評論』第1巻第11期、1949年11月16日）、ヨーロッパ以上かどうかはひとまず措くにしても、次のように主張している。

　　リベラリズムの精神は人類の文化とともにやってきた、といえる。もし文化だと称することさえできれば、その文化のなかに、たとえリベラリズムや自由という概念がなかったとしても、そのなかには必ず何らかの〔リベラリズムの〕形態があり、ある程度自由な精神がそのなかで躍動するものである。もしそうでなければ、文化など生まれる可能性さえない。……日常生活におけるリベラリズムの精神状態は、ヨーロッパ文化の概念でいえば、「己を自覚すること」となる。もしこれを中国文化の概念でいえば、「自作主宰」となる（「なぜリベラリズムに反対する必要があるのか」徐復観〔蕭欣義編〕『儒家政治思想と民主自由人権』八〇年代出版社、1979年）。

徐からすれば、リベラリズムとは日々の生活に溶け込んだものであり、中国においては、西洋個人主義の「己を自覚すること」と同義な、儒家の仁義、仁愛に基づく「自作主宰」によって実践されるものだった。だから、リベラリズムを実践するのに、全面的近代西洋化など必要なかったわけである。

　このようにリベラリズムの精神は伝統文化と読み替えが可能な

のか否かをめぐって、『民主評論』と『自由中国』は対立を深めた。『自由中国』が、その社論で、国家の自由に反対し、政治と道徳を厳格に切り離すことを主張すると（社論「自由の日に真の自由を談ず」『自由中国』第10巻第3期、1954年2月）、徐の不満は高まり、台湾海峡を挟んで論戦が繰り広げられた。『自由中国』の社論の書き手は殷海光だったため、実質的には、徐と殷との論戦となった。

『民主評論』と『自由中国』の攻防

　徐復観ら現代儒家たちは、個人の自由を保障するためには国家が独立していなければならず、そのような国家には国家としての自由が保障されなければならない、と主張した。国家の独立を国家の自由と読み替えることは、国家による個人への統制を強化することになるだろうとの反論がすぐに出され、この論争はパターン化された。徐復観は、自らが想定する「自作主宰」の範囲は個人のみならず国家にも適用可能だとの前提の下、いかにも「己」（個人）が「天下」（国家）に責任を果たすべきだとする伝統知識人の気概をみなぎらせた（徐復観「自由の討論」『徐復観雑文——思うところを記す』時報文化出版事業有限公司、1980年）。

　では、政治と道徳については、どうであろうか。徐復観は、ここでも現代儒家らしく、両者を峻別すべきではないと説いた。なぜなら、自由と民主政治は、価値システムとしての文化に根ざしているからである。徐からすれば、政治と道徳は2つの異なった領域ではあるが、儒教のいう「己を修める」道徳と「人を治める」政治が密接に関連しあわなければ、それぞれの文化的価値を基盤とするリベラリズムが根付くはずがない、と考えたのだった（「儒家における己を修めると人を治めるの違いと意義」前掲『儒家政治思想と民主

自由人権』)。

　以上のような台湾海峡を挟んだ論争は、『自由中国』が停刊処分をうけ、殷海光が1960年代に全面的近代西洋化論から立場を変化させたのちも、殷が関与していた『文星』と徐復観が発行し続けた『民主評論』に引き継がれた。しかし、現代儒家たちの反共リベラリズムは、銭穆らの新亜書院——アメリカや台湾の国民党政権から資金援助を得ていたことはよく知られている——や崇基学院、聯合書院が香港中文大学新亜書院へと発展的に改編されたにもかかわらず、香港をとりまく政治環境や香港の実際の社会状況から遊離してしまったために、存在感を弱めていった。香港で、「六七暴動」ともよばれる反英抗争が発生して反帝国主義が高揚すると、共産党機関紙『人民日報』がその社論「イギリス帝国主義が挑んできた戦いに断固として反撃する」(1967年6月3日)で反英抗争を支持したため[*31]、共産党の香港における影響力が一時的に強まり、現代儒家の反共の論理は色褪せてしまった。さらに、伝統文化を継承して中華ナショナリズムを復興しようとする彼らのリベラリズムが、香港社会の豊かさと安定にどのように寄与するのかも、依然としてわからなかった。

　こうして『民主評論』は、歴史的な役割を終えることになった。もっとも、『民主評論』も、そのリベラリズムを実践するために、共産党政権のみならず国民党政権をも批判しなければならなかったが、国民党やアメリカからも資金の援助をうけていたこともあって、その批判のトーンを次第に抑制してしまった。このようなジレンマも、同誌の影響力を落とした一因だったと考えられる(徐復観「本誌停刊の話」『民主評論』第17巻第9期、1966年9月)。

第4節　リベラリズムをめぐる香港と台湾の対立

香港を警戒する国民党政権

　冷戦が東アジアを覆うなか、民国期のリベラリズムが注ぎ込まれた香港は、台湾の国民党政権にとって、連携を強化すべき仲間だった。とくに、現代儒家の反共リベラリズムは、中華ナショナリズムによる民国の正統性を国際社会に訴えたい国民党政権にとっては、心強い味方になり得た。ところが、もう1つの反共リベラリズム、つまり、『自由陣線』のような国民党政権をより厳しく批判するようになった反共反国のリベラリズムは、警戒すべき対象となった。もともと国民党政権は香港に対する文化政策を重視していたが、『自由陣線』のような、新たな第三勢力を結集しようとする動きが香港で活発化すると、その民国期のリベラリズムを継承する動きがどこに向かうのかを注視せざるを得なくなった。

　たとえば、国民党系の『政治評論』（第3巻第2期）に、『自由陣線』を批判する読者からの投書が掲載された時のことである。この投書が読者による自発的なものなのか、それとも、国民党政権からの働きかけによってなされたものなのかは、定かではない。しかし、いずれにせよ、国民党は、この一投書すら内部会議でわざわざ回覧するほどに、神経を尖らせていたわけである。この投書には、次のような感想が記されている。

　　悪意に満ちた政府攻撃：『自由陣線』、『中声晩報』……などは、その紙面で、ほぼ常に政府のあら捜しをし、正しいようにみえても実は正しくない議論を頻繁に公表して、反共の人々に影響を与えている。

この香港に対する警戒心を具体的に表明したのが、国民党が1950年代後半に開催した内部の秘密会議だった。この秘密会議で、国民党は、『自由陣線』と青年党を名指しで批判している。香港の反共リベラリズムを懐柔できないことに対する苛立ちが、限界にまで達したのだろう（党史館所蔵蔣介石総裁批簽大檔案「台（40）改秘字第0456号張其昀唐縦呈」1951年10月6日、総裁批簽40／0360；同「台（47）央秘字第087号張厲生呈第8届中常会第3次会議密紀録（3月3日）」1958年3月15日、総裁批簽47／0038）。
　こうして香港の反共リベラリズムと台湾の国民党政権との溝が広がるなかで、政権を批判する香港と台湾の反共反国のリベラリズムは、次第に連携するようになった。『自由中国』事件に対する香港の反応は、この連携の強さを物語っており、だからこそ国民党政権は、強い衝撃をうけたのだった。

国民党政権の危機感

　香港は、『自由中国』の雷震が準備しつつあった野党結成の動きに共感した。その香港で、青年党の左舜生は「中華民国を救出する時間はもう残されていない」との論評を『聯合評論』に公表し、台北『中央日報』との間で論戦を引き起こすと、『自由中国』は『聯合評論』に加勢した。そのため、国民党政権は、この2つの政論誌が連携して、雷震らの野党結成の動きが台湾外部で拡大するのではないか、と恐れ始めた。と同時に、この2つの反共リベラリズムが連携して国民党政権への批判を強めれば強めるほど、共産党に容易に利用されてしまうだろう、との不快感を示した。
　この時の国民党政権の危機感と焦燥感は、以下のように深刻なものだった。これは国民党が内部で共有していた香港レポートからの

抜粋である。

　共産党(「共匪」)は、近年、〔『聯合評論』や友聯社などの〕海外における分裂活動および台北における『自由中国』の言論が各方面で分裂と挑発を促している事態を、すぐさま利用しようとしている。たとえば、友聯〔社〕が海外華僑に対して第三の中国運動を提唱していることは、アメリカの反蔣介石、反台湾の陰謀をうけてのものである、と〔デタラメを流〕している。つまり、〔共産党は、〕絶え間なく新しい和平交渉を画策し〔て揺さぶりをかけ〕、宣伝攻勢をしかけてきている。そのため、2つの誤った主張が流されている。1つは、国共両党が共同声明を出して2つの中国政策に反対すると訴える、という主張である。もう1つは、国民党が大陸を反攻しないかわりに、共産党も台湾に対して武力を用いないと表明するだろう、という主張である。このように共産党は、日々、香港の『文匯報』、『晶報』、『新晩報』などで捏造した文書を垂れ流している。これらには、とりわけ注意が必要である（党史館所蔵蔣介石総裁批簽大檔案「台（49）央秘字第041号唐縦陶希聖陳建中(ちんけんちゅう)呈」1960年2月17日、総裁批簽49／0033）。

国民党政権と『聯合評論』

　さらに、このレポートは、台湾の青年党および民社党に対しても分析をおこなっている。ここでも、香港の友聯社および同組織にかかわっている香港の青年党系の人々による政権批判（「反動活動」）が、『自由中国』の雷震と台湾の青年党および民社党による分裂活動と連動しかねないことを、ひどく警戒している。そのため、国民党は、「青年党と民社党の国民大会代表に対して個別に対応する

ことで、国民大会を円滑に開催し、雷震らの挑発的な離反行為をシャットアウトすることで、海外の分断活動を孤立させる」と、指示を出している。

しかし、それでも、国民党の不信感は払しょくされなかった。このレポートが作成された半年後には、雷震が『聯合評論』などの台湾内外の人々と連携して野党を結成しようとしていると判断し、「反政府のすべての人々（背景や経歴を問わない）」が「台湾の内外から包囲網を狭めつつある」と、危機感を募らせた（党史館所蔵蔣介石総裁批簽大檔案「台（49）央秘字第152号唐縦陳建中呈」1960年7月6日、総裁批簽49／0122）。

その後、国民党政権が圧力をかけ続けたことが功を奏したのか、香港の反共反国のリベラリズムを後方から支援していた張発奎らは、『聯合評論』の政治宣言、つまり国民党政権を非合法な政権だと非難する宣言に署名することを取りやめた。また、左舜生らも、雷震の新党活動に参加を表明しなかった。かわりに、その政治取引の結果だったのであろうか、青年党は反共反ソのための宣伝費の増額を国民党政権に要求し、国民党もそれに積極的に応えるべきだとした（党史館所蔵蔣介石総裁批簽大檔案「台（49）央秘字第180号唐縦陳建中呈」1960年8月12日、総裁批簽49／0144；同「台（49）央秘字第235号陶希聖唐縦陳建中呈」1960年10月8日、総裁批簽49／0181）。

以上のようにして、1960年代に入ると、国民党は資金援助という手法を駆使して、青年党と『聯合評論』を何とかコントロールしようとした。実際、この政策は威力を発揮したようである。国民党の内部史料には、次のようにある。

　　『聯合評論』週刊は、中国民主反共連盟の対外宣伝物である。

この連盟は、中国自由民主戦闘同盟の後継団体で、海外に分散した人々を再び大団結させようとした組織である。本党〔国民党〕と関係のある張発奎、黄宇人（こううじん）、青年党の左舜生、李璜、民社党の羅永揚、劉裕畧、孫宝剛（実際には張君勱も民社党に参加している）、友聯出版社の胡越、史誠之（しせいし）、さらには自由出版社（すでに活動を停止している）の謝澄平、丁違標（故人）らが中核メンバーとなって、この週刊誌〔『聯合評論』〕を出版し、「政治的な大陸反攻と民主的な台湾改造」を公然と主張し、常に〔民国〕政府と本党に対して批判を加えてきた。この週刊誌の経費は、主に張発奎ならびに「友聯」社から出されており、その他の各党派は、自らも援助していることを象徴的にアピールできるように、名目上の援助をわずかにおこなっているだけである。〔しかし、それでも、〕その発行の範囲は東南アジア、欧米および世界各地へと広がっていった。

　〔谷鳳翔、陳建中が責任を負う国民党の〕本組織は、〔党〕中央の政策決定に従って、数年間、各方面に潜入し、この集団〔『聯合評論』などの中国民主反共連盟〕を分裂させてきた。まず、国民党に反対する人々が〔アメリカの〕アジア財団を利用して友聯〔社〕に潜入している事実を暴露することで、〔友聯社がこの集団に対して〕経済支援を停止し、連盟から脱退するように迫った。次に、張発奎、左舜生らが欧米各国を訪問する機会をとらえて、〔彼らに政治的〕態度を変えるように働きかけ、連盟が内部で分裂するように画策した。直近の一年間でいえば、孫宝剛が香港を離れるように働きかけ、また、『聯合評論』の売り上げが落ちるように画策し、張発奎が支援を停止するようにも仕向けた。さらには、この数か月間さま

ざまな策を講じて、かりに張君勱が香港に戻ったとしても何もできないようにした。こうして、〔『聯合評論』は〕最後に停刊せざるを得なくなったのである。

　『聯合評論』の停刊は、基本的に、私たち〔国民党〕には有利である。なぜなら、香港を中心とする反党反政府の集団が、日が経つにつれて、分裂し、消滅していくからである。そのことは、『自由陣線』、「友聯社」、『聯合評論』が前後して消滅したり停刊したりしたことで証明されるだろう。とはいえ、現在の情勢は変化の真っただ中にあり、敵〔共産党〕との闘争はますます複雑になっている。確かに『聯合評論』は活動を停止したが、共産党の統一戦線工作は、機会に乗じて、必ず強化されるだろう。したがって、〔私たち国民党は、〕わずかな反党反政府の人々の活動についても、引き続き注意しなければならない（党史館所蔵蒋介石総裁批簽大檔案「台（53）央秘字第166号谷鳳翔陳建中呈」1964年11月7日、総裁批簽53／0081）。

以上のような国民党政権による文化政策は、本来なら、台湾と香港において反共で一致できたはずのリベラリズムを解体してしまった。また、もう１つの現代儒家による反共リベラリズムも、前節の最後で言及したように、香港においては根無し草のように漂い始め、その影響力と存在感を低下させていった。いずれの反共リベラリズムも、沈んでいったわけである。それらが復活するまでには、少しばかり時間が必要だった。

第8章 反右派闘争から文化大革命までのリベラリズム

第1節 厳冬期における中国のリベラリズム

法の継承性をめぐる論争

本書ですでに確認したように、人民共和国成立後の中国において、儲安平も銭端升も反右派闘争で弾圧されてしまった。それならば、民国期のリベラリズムは、その後、中国においてどうなったのであろうか。人物ではなく論争に注目して、この点を概観しておこう。

民国期のリベラリズムの発展は、すでに述べたように、学問としての法学の動向にも左右されていた（本書 63 頁参照）。その法学の動向に決定的な作用を及ぼしたのが、1950 年代後半の「双百」から反右派闘争にかけて学術界を席巻した、法の継承性をめぐる論争だった。この論争のポイントを手短にまとめるならば、それは、民国期までに蓄積されてきた中国法学の遺産が人民共和国の社会主義建設に活用できるのか否か、ということだった。

ソ連におけるスターリン批判の余波が中国にも及ぶと、それまでブルジョア思想を改造するように迫られてきた知識人たちは、社会主義建設に積極的に貢献することを期待されるようになった。知識人たちは、この政策の転換に、当初は慎重に対応していたが、やがて、「双百」政策の下で重たい口を開くようになった。たとえば、哲学者は、社会主義に移行する期間の矛盾、とりわけ下部構造と上

部構造の矛盾に目を向けた。経済学者は、社会主義への過渡期における商品形態および価値法則のあり方を主として論じるようになった。さらに、法学者たちは、中華人民共和国憲法が1954年にすでに制定されていたことから、社会主義の下で法秩序をどのように形成すればいいのかを議論した。

　当時、最高人民法院院長だった董必武(とうひつぶ)は、1956年の共産党8全大会で、法制の不備を放置すべきではない、と発言していた（『新華半月刊』第20期、1956年）。そのため、法学研究の必要性は、期せずして高まっていた。さらに、毛沢東に次ぐナンバー2の地位にあった劉少奇(りゅうしょうき)も、同大会で、封建主義や資本主義の思想体系に批判を加える際に、以前の文化遺産のうち人民に役立つものを慎重に継承すべきだ、との立場を示した（中共中央辦公庁編『中国共産党第8次全国代表大会文献』人民出版社、1957年）。こうした政治的背景をうけて、当時の法学者たちは、法概念を法の階級的本質に照らしてどのように認識すればいいのか、法学研究や法制度建設の方向性をどのように示せばいいのかを議論し始め、民国期の法学を活かせるのか否か、活かせるのであればどのように活かすのかを検討し始めた。

　この時の論争を方向付けたのが、民国期から中国を代表する法学者として知られていた楊兆龍(ようちょうりゅう)（1904～1979／江蘇省金壇）だった。楊は、日中戦争期に、法治を実行することと法の内容または精神を民主化することが憲政実現のための要件だと指摘したことで知られ、1949年以前の旧法学に対して、一定の評価を与えていた。したがって彼は、「法の階級性と継承性」（『法学』1956年第3期）と題した論文で、法の階級性が法規範の性格に応じて異なるという見解を示すと同時に、かつての法の継承性を認めるべきだ、との立

場を示した。

　こうして論争は、この楊論文に対する賛否両論を軸に展開され、法と経済基盤の関係、法の階級性の性格、新旧の法と法思想と法学の内在的連関性、社会主義国家における旧法の利用の可能性、法学の遺産の意義とその範囲などをめぐって、活発な議論を展開した。

　楊兆龍は、さらに、「法律界における党と非党の間」(上海『文匯報』1957 年 5 月 4 日)で、共産党の外部にいる旧法出身の法学者、いわゆる民国期の法学を基盤とする法学者が差別される傾向にあることを問題視した。その原因は、法の政治性が強調され過ぎて専門性と科学性が無視されていること、旧法出身の学者が過小評価されていること、党外の法学者が信頼されていないことにある、とした。

　ところが、このような言動を繰り返す知識人を「右派」として断罪する反右派闘争が大々的に展開されると、法学界も「右派」を暴く批判大会を各地で開催せざるを得なくなった。その結果、北京では銭端升ら 20 数名が、上海では楊兆龍ら 8 名が名指しで糾弾され、法の継承性を容認することは法の階級性を否定し、旧法を全面的に継承しようとするブルジョア的な反動に他ならない、とされた。「右派」のレッテルを貼られた法学者たちは、民国の法統を継承し、社会主義法制を破壊する反逆者だ、と結論付けられたわけである(土岐茂 1984)。

　こうして法学研究は、政治的指導を通じて組織され、政治的要請をうけて研究の方向性を決定していくことになった。法学も、階級闘争の一部としてのイデオロギー闘争に呑み込まれていった。

停滞する翻訳作業
　法の継承性をめぐる論争において、旧法、いわゆる民国期の法学

は、ブルジョア法学として完全に否定された。その法学に支えられて発展してきた民国期のリベラリズムも、当然の如く、反右派闘争で弾圧された。民国期のリベラリズムの発展に刺激を与えてきた西側の学知も、たとえ反面教師として批判的に受容するという目的に絞ったとしても、中国語に翻訳されることはほとんどなかった。加えて、1950年代前半においてはソ連の学知が優先的に受容されていたが、1950年代後半に入ると中ソ間の亀裂が水面下で拡大し、1960年代には中ソ論争と呼ばれる決定的な対立が発生したため、ロシア語からの翻訳作業さえも停滞することになった。

ところが、このような状況下でも、共産党政権の内部には、「右派」のレッテルを貼られながらも、密かに西側の学知を翻訳し続けた知識人がいた。もちろん、これは、ほんの一握りの例外的な出来事だったと推測される。この例外的な出来事のうち、さらに法学の分野に限定していえば、民国期から頭角を現していた国際法学者王鉄崖（おうてつがい）（1913〜2003／福建省福州）の翻訳作業が重要である。ちなみに、この王は、のちの改革開放期に、中国を代表する国際法学者として、世界の舞台で華々しい活躍をとげた。

王鉄崖は、ケルゼンの国際法理論に注目していた。民国期に日本経由で受容されたケルゼンの純粋法学が、人民共和国成立後に表向きは途絶えたにもかかわらず、ケルゼン学説に対する関心を持ち続けていたわけである。1950年代の中国における国際法学会は、ヴィシンスキーやコロービンらソ連の国際法学説に加えて、国際法の基本テキストであるオッペンハイム『国際法』（*International Law*, 1905）第8版を中国人民外交学会編訳『奥本海国際法』（法律出版社、1955〜1956年）として翻訳したが、王は、ケルゼンの *Principles of International Law*（New York: Rinehart and Company Inc., 1952）を反右

派闘争期に密かに全訳したのだった。この中国語版『国際法原理』は、さすがに直ぐには出版されなかったが、1989年に華夏出版社から公刊された。彼は、この他にも、『中外旧約章彙編』全3巻（三聯書店、1957年）を編集して、かつての中国外交史を振り返る際に有益な基礎資料を提供した。

　繰り返して強調しておくが、このような学術活動は、極めて例外的だった。しかし、西側に対してわずかに開かれていた窓口は、反右派闘争から文革へと至る調整期において、もう少しはっきりとした形で現れることになった。

第2節　1960年代前半の調整期と中国のリベラリズム

調整期の知識人政策

　反右派闘争後の1950年代後半における急進的な社会主義建設は、破綻を迎えつつあった。そのため、1960年代前半には、穏健で現実的な社会主義建設が目ざされるようになった。いわゆる調整政策である。この時、政治の実権も、表向きは、毛沢東から劉少奇へと移った。

　この調整政策は、知識人に対する政策に修正を迫った。共産党政権は、1962年春に、反右派闘争を批判的に総括し、犠牲となった数多くの「右派」の名誉を回復していった。同年4月27日の内部文書には、次のようにある。

　　　1961年6月から、〔共産党〕中央は、最近数年間に批判と処
　　分をうけた党員と幹部に対して、〔それらの批判と処分の〕真
　　偽を事実に基づいて検証するように指示を出した。それ以来、
　　各級の党委員会は、〔この指示に従って〕多くの活動をおこ

なってきた。……

　かつての運動において誤解されたり誤って処分されたりしたがために名誉回復されなければならない人は、量からいえば、末端の幹部と一般の党員に最も多い。彼らの問題は比較的に単純なため、比較的に簡単な方法で処理されるべきであり、また、そうすることは可能である。〔それにもかかわらず、〕もし彼らに対する問題が速やかに処理されないのであれば、これらの最も数の多い幹部や民衆たちから積極性を引き出すことは、難しくなるだろう（中央檔案館ほか編『中共中央文件選集』第1冊、人民出版社、2013年）。

こうして広範囲にわたって「右派」のレッテルが外されるなかで、西側の政治思想に対する逆風も、少しずつ弱まっていった。ただし、逆風が弱まったといっても、西側の政治思想に対する評価が好転したわけではなく、批判材料として紹介されることさえほぼ無かった状況が、批判材料としてであれば紹介できる状況へと改善された、という程度のことではあった。

1962年の特殊性と中国におけるリベラリズムの再胎動

　さきの引用史料に「1961年6月から」とあるように、たとえばケルゼンの学説も、それを批判的に分析した海外の見解を中国語に翻訳することで、中国に再び紹介されるようになった（『現代外国哲学社会科学文摘』1961年第8期）。このような屈折した翻訳回路を通じて、1962年には、法学界で最大の「右派」の1人とされた銭端升が『当代西方政治思想選読』を編纂した。同書は、銭が北京政法学院の命をうけて高等教育用のテキストとして編纂を開始したものであり、西洋の著名な学者を50～60名ピックアップして、そ

れぞれの大著の趣旨を中国語に要約したものだった。その完成原稿は、文革が始まるまでに120万字にも達したとされているが、結局、今日まで公刊されていない。それでも、確認されるべきは、1962年当時の知的空間が、銭端升が西洋の政治思想を紹介できるほどに拡大していた、という事実だった。

　ところで、ここで再確認しておきたいことが、もう1つある。それは、銭端升が人民共和国成立後の中華人民共和国憲法を起草する段階で、外部から顧問として招聘されていた、という事実である。そして、実は、銭と同じように民国期から名を馳せていた法学者が、もう1人外部から顧問として招聘されていた。それが、周鯁生（1889～1971／湖南省長沙）だった。

　周鯁生は、清末に早稲田大学に留学し、日本留学時に中国同盟会、のちの国民党に参加した。民国期にはフランスで法学を専攻し、武漢大学法学院を主要な拠点として、国際法学者として活躍した。日中戦争期には国民参政会の参政員として活躍し、国際連合の設立を協議したサンフランシスコ会議にも中国代表団の顧問として参加した。人民共和国成立後は、外交部の顧問や中国人民外交学会副会長などを務め、1956年に共産党に入党した。このような華々しいキャリアを積んだ周は、「右派」に対する名誉回復がすすむなかで、『現代英米国際法の思想動向』（世界知識出版社、1963年）という専門書を出版したのだった。同書も西洋の政治思想を批判的に検証するための基礎文献として広まったが、「現代英米国際法」というタイトル自体が、調整期の寛容な時代性を表わしている。

　確かに、周鯁生は、民国期のリベラリズムを直接継承するような法学者だったわけではない。しかし、周と銭という共産党政権にも評価されていた知識人たちが、1960年代前半に、西洋を話題に出

来るようになったこと自体が重要である。さらに、周の国際法学の遺産を受け継いだ武漢大学には、民国期のリベラリズムに理解のある知識人たちが残っていた。その筆頭が、儲安平の『観察』で自由の重要性を主張した韓徳培だった。調整期に「右派」のレッテルを外された韓は武漢大学にとどまり、やがて文革後に活躍することになるが、その活力はこの調整期を通じて少しずつ蓄えられていった。

「双百」政策から反右派闘争、そして調整政策へと至る過程は、大まかに整理すると以上のとおりだった。確かに、リベラリズムが中国において復調する兆しはかすかにみられたかもしれないが、それは力強く復活したわけではなかった。それでも、この風前の灯火のなかで、中国の内部には気概のある人物が残されていた。それが顧準だった。

第3節 共産党政権におけるリベラリズムの灯火

顧準という政権内部のリベラリスト

顧準（1915〜1974／上海）は、民国期に会計学をほぼ独学でマスターし、共産党の革命に参加して、人民共和国の成立を迎えた。本来ならば、共産党政権の中枢で重用されて然るべき人物だった。ところが顧は、1950年代初頭に始まった汚職、浪費、官僚主義に反対する政治運動、いわゆる三反運動で、自己中心的だ、眼中に組織がない、などといった理由により、役職から外された。一説によれば、彼が共産党政権下の民主的な話し合いよりも、法に基づいて恣意性を排除することを重視したことから、解職という処分が下された、ともいわれている（羅銀勝1999；王前2015）。以後、彼は研究活動に没頭することになり、高級幹部を養成する中央党校に志

願した後、中国科学院に配属された。

この過程で顧準が執筆した論文に、「社会主義制度下の商品生産と価値法則」がある。この経済論文は「双百」期の1956年に執筆され、反右派闘争が始まった頃の1957年に公表された。顧は、この論文で、次のように問いかけた。

> 社会主義経済を研究すると、まず突き当たる問題がある。それは、現在の社会主義各国が、全民所有制と、労働する人民が集団で所有するという制度を広く併用しており、このように2種類を併存させた所有制が、社会主義の典型的な所有制なのかどうか、という問題である。さらに、「2種類を併存させた所有制」が「単一の全民所有制」に取って代わられた場合に、社会の性質が共産主義社会に変わり、社会主義社会でなくなる、ということを意味するのかどうか、という問題である。

このように問題を設定した彼は、この論文で自説を全面展開するなかで、採算性を考慮した計画経済が必要だとして、さらに次のように主張した。

> 採算に基づく経済制度がある以上、この制度は群衆の積極性を広範囲にわたって引き出し、労働生産力を高めることができる。さらには、生産、分配、消費、製品の移動を調整する際に、計画経済の不足分も補える。したがって、採算に基づく経済制度の利点を十分に活用することが必要である。

このような主張は、まさに、のちの改革開放時代に提唱された社会主義市場経済論を先取りしたかのようなものだった。

反右派闘争から文革までのある1つの思想営為

しかし、案の定、この論文は、反党の言動にあたる、とみなさ

れた。「右派」と認定された顧準は、河北や河南の農村での労働作業を通じて思想の改造（「労働改造」）を強いられた。この時に、顧は、「大躍進」政策の裏側で静かにすすんでいた大災害を農村で身をもって体験することになった。反右派闘争以前に彼が抱いていた信念、つまり市場経済を併用することは、自身の実体験に基づいて、確信へと変わっていった。

　やがて調整政策がとられるようになると、顧準も「右派」のレッテルを外された。1962年4月、知識人に対する寛容な政策が打ち出されると、顧も、その翌月に、中国科学院に再び配属された。この頃、彼は、シュンペーターの『資本主義、社会主義、民主主義』の翻訳を開始し——のちの1979年に商務印書館から出版——、新しい学術や思想にも少しずつ触れられるようになった。彼の述懐したところによれば、次のとおりだった。

　　始めの頃、私は約1年の時間を費やして、シュンペーターの『資本主義、社会主義、民主主義』を翻訳した。〔中国科学院の〕経済研究所の環境は、農村で労働の合間に時間をみつけて勉強していた頃のように退屈なものではなかった。また、外部では入手できない刊行物や『翻訳叢書』、〔各分野の最新の動向を整理した〕『動態』を読むこともでき、『外国学術資料』や、哲学、歴史、国際経済などに関する各種の刊行物と資料、外国語の刊行物も読むことができた。さらに、様々な学術活動にも参加できる機会があった（羅銀勝編 1999）。

　しかし、このような精力的な研究活動は、長くは続かなかった。調整政策に反対する急進派が巻き返しを強め、1964年には、経済研究所の内部でも四清運動が展開されたからである。

　四清運動とは、1962年冬から1966年春にかけておこなわれた総

点検運動とでも呼ぶべき政治運動であり、文革の前奏曲となった。背景には、どのような社会主義をどのように目ざすのかという、穏健派の劉少奇と急進派の毛沢東による政治的かつ思想的な対立があった。

　劉少奇は、社会主義社会にあっては、すでに階級闘争が基本的に消滅し、生産力の向上とその組織化を図りながら、安定した社会経済政策を実行すべきだ、との立場をとった。いわゆる調整政策である。これに対して毛沢東は、1962年の共産党8期10中全会で、階級闘争は継続しているとして、都市と農村において、社会主義教育運動を発動した。この運動は、都市では反汚職、反官僚主義の運動としてすすめられ、農村では、人民公社の帳簿、倉庫、財産、労働力の4点を清めるという意味の四清運動として展開された。

　やがて、この運動のすすめ方をめぐって、劉少奇と毛沢東との間で、激しい応酬が交わされるようになった。劉は、幹部の不正摘発運動にとどめようとしたのに対して、毛は、階級闘争による大衆運動へとエスカレートさせようとした。結果的に、毛は、政治、経済、組織、思想の4つを清める四清運動へと強引に拡大していき、実権派、つまり共産党の内部で資本主義の道を歩もうとした党員を人民の前に暴き出そうとした。

　顧準は、この四清運動で、張聞天*32らとともに槍玉にあげられた。共産党中央で毛沢東と近い立場にあった康生と陳伯達*33は、顧らを反党連盟を結成しようとしたと批判し、また、市場経済の復活を1950年代半ばから一貫して目論んでいる、とみなした。こうして彼は、再び「右派」のレッテルを貼られ、「労働改造」を強いられた。この翌年に文革が発生し、彼の運命は、ますます苛酷なものとなった。

文革期の反一元論

 それにもかかわらず、顧準は、文革中の 1973 年に、「科学と民主を確立したければ、中国の伝統思想を徹底して批判しなければならない」と題した文章を書いた。この文章を読めばすぐわかるるだが、顧は、勇気と気概をもって、民主と科学という五四運動以来の民国期のリベラリズムの灯火を、文革期の中国で何とかして再生し、繋ごうとしたのだった。

> 科学と民主は舶来品である。中国の伝統思想は、科学と民主を生み出さなかった。……だから、中国の伝統思想を批判することは、科学と民主が発展するのに十分に必要なことである。……時代の潮流に順応する思想というものは、必ず思想家の思考を経て創り出され、政治グループを形成して広まっていき、そうしてようやく時代を形成する思潮となるのである。多元主義と２つの政党制（多党制）は、この規律にあてはまる。……このように、違う思想の間で闘争が繰り広げられれば、思想そのものがますます深化できる。そして、相互に闘争を繰り広げるそれぞれの思想が論争をおこなうことで、人民の文化と知識は啓発されていく。これは、科学が発達する上で重要な条件である。"１つの主義、１つの党"による直接民主制（当然にこれは不可能である。なぜなら、必ず独裁へと変質するからである）は、ただ１つの主義があるだけなので、必ず思想を窒息させ、科学を圧殺するだろう（羅銀勝編 1999）。

 多元主義と複数政党制を求めながら、独裁へと変質しかねない直接民主制に反対する、というこの論理は、共産党政権への批判以外

の何ものでもない。しかも、文革中の共産党政権に対する批判である。かつての儲安平を重ね合わせるのは、あまりにも恣意的な評価だろうか。

さらに、顧準は、「民主と"究極の目的"」と題した気迫みなぎる文章で、次のように主張した。

> 革命家は、もともと、みな民主主義者である。しかし、もし革命家が最終目的を決めて、内心でその目的を信じていれば、彼はその目的のために民主主義を犠牲にすることも惜しまず、独裁を実施する。スターリンは残酷だった。ただし、彼が残酷だったのは、100％個人の権力のためではなく、それは大衆の福祉と最終目的のためにそうせざるを得ないと信じたからなのかもしれない。内心では、善のため〔と信じていたとして〕も、実際には悪行をおこなった。これは、悲しいことである。
>
> 逆に、もし最終目的を信じず、相互に刺激し合う力が進歩を促すと信じていれば、それは哲学的には多元主義である。つまり、その人は、"民主政治"が多くの避けられない問題を抱えているとはいえ、民主政治それ自身が多くの相互に刺激し合う力を合法的に存在させることと同義であるからこそ、それがこれらの力を合法的に存在させる唯一可能な制度だ、と信じることになる（顧準『顧準文稿』中国青年社、2002年）。

進歩を信じる顧準は、進歩のためには多元主義が必要であり、その必然的帰結として、複数政党制を志向するようになったわけである（王前2015）。このように辛辣な政権批判を展開した顧は、当然に「右派」とみなされたが、理由はよくわからないものの、1974年11月に「右派」のレッテルを再び外され、間もなく息を引き

とった。
　以上のような知的営みが細々と続いていたなかで、第 1 章や第 2 章の最後で触れたような民国期のリベラリズムが中国で復活するという現象が起こった。

おわりに
―― 蘇る中国、香港、台湾のリベラリズム

停滞する民国期のリベラリズム

　本書からまず明らかになったことは、民国期のリベラリズムは、香港と台湾に伝播したものも含めて、1960年代に入ると、息も絶え絶えになった、という厳しい事実だった。

　中国においては、政権外部からの権力批判をともなうリベラリズムは、人民に敵対するブルジョア思想として、反右派闘争と文革で徹底して弾圧された（第1章）。共産党の論理と整合性をもたせながら自由と統一のバランスを政権内部から模索することで、強制とは対極にあるリベラリズムを滑り込ませようとした試みも、上手くはいかなかった（第2章）。

　香港においては、容共リベラリズムと反共リベラリズムが注ぎ込まれただけに、民国期のリベラリズムが当地で勢いを増すかに思われたが、1950年代の香港社会ではなかなか根を張れなかった。また、台湾においては、反共リベラリズムでさえも、国民党政権から次第に警戒されるようになったことから、1950年代から1960年代にかけて、その発展の道を維持できなくなった。リベラルな中華民国憲法の制定に尽力した現代儒家の、その反共リベラリズムは、本来であれば国民党政権が自らを正統化させるために最も活用しやすかったにもかかわらず、香港でも台湾でも影響力を失っていった（第3章）。台湾では『自由中国』事件によって、民国期のリベラリズムは停滞の時期を迎え、人権を中華民国憲法によって直接保障し

ようとした政権内部からのリベラリズムも、事実上憲政が凍結されたがために、ほとんど機能しなかった（第4章）。このような手詰まり感が広がっていた時に、民国期のリベラリズムを文化論として普遍化しようとする動きが発生したが、それも新たな展開を促すまでには至らなかった（第5章）。このような台湾に代わって、容共であれ反共であれ、民国期のリベラリズムが注がれた香港が1960年代に力を回復するかに思われたが、台湾の文化政策による締めつけや、香港における反英抗争によって反帝国主義、反植民地主義が高揚したことにより、愛国容共の政治思想が、一時的にであれ勢力を拡大していった。また、中国では、一部の知識人たちが胡適や儲安平が定着させ発展させたリベラリズムを何とかして絶やさないようにしようとしたが、それが勢いを回復するまでには至らなかった（第6章、第7章、第8章）。

中国、香港、台湾におけるリベラリズムの新たな息吹

中国、香港、台湾へと広がったリベラリズムは、いずれも1960年代から1970年代にかけて苦境に陥った。一般のイメージは、わずかに香港の『明報』（1959～現在）が政治的に中立なメディアとして独特の存在感を放ち、「自由論壇」という政治問題、社会問題を討論する特設ページを開いた、という程度であろう。この『明報』は、「六四」後に対中批判を強めたことでも知られる。

ところが、リベラリズムを取り巻く変化の兆しは、1970年代の中国、香港、台湾のそれぞれの地域で、少しずつ同時進行で現れ始めていた。その一端は、各章の最後で少しずつ言及してきたとおりである。そこで、この「おわりに」では、それらを体系的に整理しておくことにしよう。

まずは、香港に注目してみよう。1970年代の香港は、かつて『自由中国』と『民主評論』が台湾海峡を挟んで繰り広げていた論戦、すなわち個人の自由と国家の自由の優劣をめぐる論戦（本書181頁参照）を再現した。国家の自由に対する個人の自由が、再び争点になったのである（『知識分子』第60期、1970年9月；『知識分子』第62期、1970年10月）。そのような香港の思想状況を1980年代まで射程に入れて読み解くにあたり、当時から知名度が高かった『争鳴』と『七十年代』に注目することが、最も効果的だろう。というのも、この2誌は、香港社会やその周辺の社会で比較的に広くうけとめられ、1960年代までの中国、香港、台湾におけるリベラリズムがそれぞれの社会でどのように継承され、認識されていたのかを知る上で格好の対象となるからである。

　『争鳴』（1977～2017）は、可変的で複雑な諸情勢を客観的に読書に伝えることを目的として創刊された。その発刊の詞には、一切の真理を掌握できる天才などこの世に存在しないとあり、独裁政治をすすめる共産党政権を当初から暗に批判していた。創刊から約半年後の社論には、「民主化しなければ近代化などあり得ない」ときっぱりと明言した（『争鳴』第8期、1978年6月1日）。共産党は、1977年の11回大会で「4つの近代化」*34、すなわち工業、農業、国防、科学技術の近代化を提起しており、『争鳴』は、この「4つの近代化」を実行するためには民主化が必要だ、と主張したわけである。

　もう1つの政論誌『七十年代』（1970～1984～1998）は、今日でも香港で時事評論家として活躍する李怡（リイ）（1936～／広東省広州）によって創刊された。『七十年代』は、当初は、共産党政権を支持する、いわゆる愛国容共のメディアだった。当然に、台湾の国民党

おわりに　205

政権に対しては批判的だった。やがて、文革が収束し、鄧小平が改革開放を主導するようになると、『七十年代』は共産党政権内部の改革勢力を支持するようになった。しかし、これが、同誌の変化の前兆だった。その後、イギリスとの間で香港返還の道筋が基本的にまとめられると、返還後の香港を展望しようという意図から、李は 1984 年に雑誌名を『九十年代』に改称し、共産党政権との距離を少しずつ広げていった。そうして、

図 14　胡平「言論の自由を論ず」(『七十年代』1981 年 3 月号に転載された原文)

「六四」後には、リベラルな論調をますます押し出すようになり、反共の政治立場を強めていった。日本のメディア界がこの『九十年代』を香港を象徴する政論誌だ、と評価した理由である。

　ところで、『七十年代』の変化の兆しは 1970 年代末にあった、と指摘した。それは、どういうことなのか。具体的に解説しておこう。

　『七十年代』の変化の兆しを物語る文章は、少なくとも 2 つある。1 つは李一哲の「大字報」続編の掲載であり、もう 1 つは胡平の「言論の自由を論ず」と題された長編論文の転載である。ここでは、とくに胡平の「言論の自由を論ず」を紹介しておきたい【図14】。というのも、この文章は、リベラリズムの真髄を深くえぐっているからである。

「言論の自由を論ず」

胡平（1947〜／北京）は、高校卒業と同時に文革を迎えた。文革に参加し農村に「下放」もした胡は、北京大学大学院修士課程で哲学を専攻する傍ら、1970年代末に「北京の春」と呼ばれた民主化要求運動に参加した。その際に、彼は密かに準備していた「言論の自由を論ず」第1稿（1975）を、自らが主宰した民間誌『沃土』で第4稿として発表した（1979）。直後に彼は、人民代表大会の地方選挙に参加し、北京大学海淀区の代表として当選を果たし（1980）、一躍注目を浴びた。彼自身の振り返るところによれば、「言論の自由を論ず」は、魏京生の「民主か、それとも新たな独裁か」、つまり『争鳴』と同じように「4つの近代化」に加えて民主政治が必要だと訴えた魏論文と比較すれば、さしたる反響を巻き起こさなかったようである。しかし、彼自身が国内外で若手リベラリストとして徐々に注目されるようになると、「言論の自由を論ず」は、香港の『七十年代』で第5稿として転載された（1981）。

この「言論の自由を論ず」という文章は、人民共和国で政治的圧迫が長年にわたり繰り返されてきたにもかかわらず、それでも中国内部から主体的に発せられた自由論という意味において、相当に刺激的だった。引用の訳文がどんなに長くなろうとも、やはり原文を確認することが何よりも説得力をもっている。第5稿は、次のような筆致である。

　序言

　　　本論文の目的は、言論の自由を論じ、検証することにある。この作業には、あるユニークな点がある。すなわち、言論の自由が完全に存在していない時、それを論じ検証する

ことは、おそらく不可能であろう。しかしながら、この自由が完全に実現された時、それを論じ検証することは、おそらく不必要となろう。このような特色は、常に人々に誤解を生じさせてきた。すなわち、人々は、言論の自由の問題は権力者の意志によって決まる問題である、と考えてきた。このような誤解は、理論上、言論の自由を議論するという作業に対する軽視をもたらしてきた。その結果、言論の自由という原則の価値と活力を完全に窒息させてしまったのである。このような不幸な誤解は、きわめて深刻である。我われがこの極めて重要かつ敏感な課題を提起する際、多くの人は、それはうんざりするようなありふれた平凡な話であり、何の役にも立たない書生の空論であると思っている。しかし実際のところ、ある国家がもし言論の自由の実現をなし得ないのであれば、その原因は、その国の人民の言論の自由に対する覚悟が欠如しているからである。したがって、中国の社会主義的な民主と法制を健全なものとし、これを発展させるという作業のなかで、言論の自由の意義を解明し、その価値と力を詳論することは、この上なく重要なことである。

第1章　言論の自由の意義と価値

1　「我に支点を与えよ、されば地球をも動かさん」

　公民の言論の自由は、憲法上公民に保障された各種の政治的権利のなかで、最も大切である。一個人が自己の願望や意見を表明する権利を失ってしまえば、必ずや奴隷あるいは道具となってしまうだろう。言論の自由を有することは、すべてを有することとイコールではないが、言論の自

由を喪失すれば必然的に一切を失うことになる。周知のとおり、力学においては、支点の作用が何よりも重要である。支点そのものは働きをなすものではないが、支点の上においてのみ、梃子の作用は可能となる。聞くところによれば、梃子の原理の発明者であるアルキメデスは、「我に支点を与えよ、されば地球をも動かさん」と述べたそうである。政治生活のなかで、言論の自由は、まさにこのような1つの支点だ、といえるのではないだろうか。

2 言論の自由の意義

言論の自由とは何か。それは、すなわち、各種意見を発表する自由のことである。良い話、悪い話、正確な話、誤った話のすべてが包括される。もし言論の自由が権力者の意志の許可する範囲内にとどまるのであれば、古今東西、いかなる国家の言論も〔そのような限度内の〕「自由」でしかないということになる。それでは、我われの神聖な憲法にある言論の自由の条項が、最もつまらない無駄なものとなりはしないだろうか。

3 「自由」という語に対する説明

ある人は、我われの定義に反駁するかもしれない。彼らは、制限をうけつけないことを自由だと理解することは浅薄で不十分であり、それを客観的必然性に対する洞察と理解しなければならない、という。それゆえ、言論の自由は、でたらめやでまかせをいうことを意味するものでは決してなく、それは事物の発展の必然性に従わなければならない、ということになる。

上述の批判の遺漏を指摘するには、一言だけ反論すれば

十分である。確かに、人々が事物の必然性に従えば、その行動は間違いなく正確である。それならば、なぜ憲法で「行動の自由」という１カ条が記述されていないのか。ここから分かるように、「言論の自由」の概念における自由という語の含意は、その著名な哲学的命題——自由とは必然性に対する洞察である——における自由の含意と混同して論じてはならない。「言論の自由」について、我われは、ちょうど「自由」という語の最も簡単な含意、すなわち外在的制限から抜け出すことという含意において、これを使用すべきである。

　人々は、ふだん、いかなる自由にも制限がある、という。しかしながら、それは、事物そのものの内在的規定をさし、外在的強制をさすものではない。私は自由に心ゆくまで酒を飲みたいが、私の酒量そのものが自由に酒を飲むにあたっての制限になっている。それと同じである。したがって、この点は、我われの言論の自由に対する定義に何も影響を及ぼすものではない。

　ついでに指摘すれば、ある人は、「いいたいことをいい、したいことをする」ことを無政府主義とみなしている。これは、言論の自由と行動の自由の差異を無視して、両者を同一視するものである。確かに、「したいことをする」ことは無政府状態を招く可能性がある。しかし、もし「いいたいことをいう」ことさえもすべて禁止してしまえば、専制主義へと変貌してしまう。今後、我われが何か主義に反対するのであれば、必ずそれに対して明確な定義をしなければならない。過去、修正主義に反対した際に犯した過ちを

繰り返してはならない。
　4　「いう者に罪なし」について
　中国の古い言葉に、「いう者に罪なし」がある。この言葉は、どのような意味だろうか。権力者のみが他人に対して刑を言い渡すことができるのであれば、権力者たちは、当然に彼らに賛同する言論を罪に問うことはないだろう。したがって、明らかなことは、いう者に罪なしとは、とりわけ「反対言論」を無罪とする提案を肯定することなのである。これは、我われが第1章第2節〔「言論の自由の意義」〕でおこなった言論の自由についての定義が完全に正確であることをあらためて証明している。……
結語
　　……我われの理想は、我われの粘り強くたゆまぬ努力を通じて、言論の自由の原則が人々の心に深く浸透し、中国に深く根を下ろすことである。我われの子々孫々の代は、このような大地の上で生活を営むべきである。彼らは、自由に考え、自由に話し、自由に文章を書くことができる。その時、彼らは不思議に思うかもしれない。どうして、ただ単に一言二言話しただけで死に至るような身の危険を招く、そんな時代があったのか、と（胡平〔石塚迅訳〕2009より訳文を引用）。

胡平の「言論の自由を論ず」は、確かに、民国期のリベラリズムの系譜から直接生み出されたわけではない。胡適や儲安平の言説を多用しているわけでもない。しかし、文革期に顧準のような知識人がいたことを重ね合わせれば、民国期のリベラリズムが再び脚光を浴びるのは、時間の問題となっていた。実際、文革収束後の知識人

たちは、1930年代から1940年代の中国におけるリベラリズムに貴重な思想資源が眠っていることに気づき、胡適や儲安平を再評価していった（徐友漁〔石井知章訳〕2015）。呉恩裕や韓徳培ら『観察』知識人も、1970年代後半から再び活動を始めていた。こうした時代状況のなかから公表されたという歴史的文脈を重視するならば、この文章は、書き手の胡平の意識にかかわらず、民国期のリベラリズムを表舞台へと引き戻すことに十分過ぎるほどに貢献した、といえるだろう。なぜ引き戻したと評価できるのかといえば、表現の自由のなかで最も核心に位置するとされる言論の自由こそが独裁政治を打破する突破口だ、と明快に主張したからである。まさに『観察』時代の儲安平そのものだった。

　さらに、「言論の自由を論ず」は、民国期のリベラリズムを新たな段階へと引き上げていった。儲安平は、共産党政権下の自由は有るか無いかの問題だと予言した。対して胡平は、その苛酷な時代を経験した上で、独裁政治が全面的に思想を統制できたのは、多くの人々が言論の自由を重視せず、言論の自由の真の意義を理解しなかったからだ、と訴えた。1980年代の中国には、近代西洋に由来する価値観や制度を普遍的なものとみなして、それを人々に啓蒙するという1つの潮流が形成されており、胡は間違いなくそのような新しい時代を切り拓いた1人だった。普遍のリベラリズムを中国に定着させ、それを人々に啓蒙する、という姿勢をはっきりと示したのである。

　香港で公表された「言論の自由を論ず」は、1980年代の中国に大きな衝撃を与えた。なぜそのように言い切れるのかといえば、共産党機関紙『紅旗』がこの文章にすぐさま反論を試みなければならないほどだったからである（葉子「絶対的な言論の自由は存在

するのか」『紅旗』1981年第7期；李歩雲等「法律と自由」『紅旗』1981年第22期）。さらに、共産党政権側からの反論が出された後も、当時、政治体制改革論が中国で容認されていただけに、この文章は、多くの知識人に、リベラリズムを検討する際の理論的枠組みを提供し続けた。胡平は、その後、ハーバード大学博士課程にすすみ、「六四」後もニューヨークで活動している。この間、中国民主団結連盟の主席や『北京の春』の編者などを務めている（胡平〔石塚迅訳〕2009）。

香港、台湾から中国への逆流

『七十年代』は、リベラリズムの真髄を真正面から論じたこの迫力ある文章を、香港の内外に向けて発信した。こうして香港から中国へとリベラリズムが逆流するなか、かつて中国から香港や台湾に移動した現代儒家のうち、その一部が展開した反共リベラリズムも再び息を吹き返し、反共か否かに関係なく、1980年代の中国におけるもう1つの潮流、すなわち文化ブーム（「文化熱」）と呼ばれるような、伝統文化からモダニティを探し出そうとする潮流を牽引するようになった。

現代儒家の1人銭穆が香港で開設した新亜書院の第1期生に、余英時（1930〜／天津）がいる。余は、ハーバード大学に留学し、同大学教授、コーネル大学特任教授などを歴任し、台湾からは中央研究院院士の称号を授与された人物である。彼の政治思想が現代儒家のリベラリズムの範疇に収まるのかどうかは今後の学界の評価に委ねざるを得ないが、彼の知識人としての影響力の大きさそのものが、香港や台湾から中国へと逆流する知のサイクルが1980年代から顕著になっていたことを物語っている。

余英時は、儒教、道教、仏教を融合して形成された文化的土壌が中国の資本主義を発展させてきた原動力だ、と主張した。伝統中国と近代西洋を対立的にとらえるのではなく、伝統のなかからモダニティの可能性を追求できる、としたのである（緒形康 2015）。彼は、ウェーバーの『プロテスタンティズムの倫理と資本主義の精神』を念頭においた『中国近世の宗教倫理と商人精神』を台湾で著わし（〔森紀子訳〕平凡社、1991年）、ヨーロッパにおける資本主義とプロテスタンティズムとの類似の関係性がすでに宋代から芽生えていた、とした。

　同書は、リベラリズムそのものを論じたわけではない。しかし、この本は、かつての香港における現代儒家のリベラリズムを1980年代の中国で復活させたもの、とみなせなくもない。さらに、拡大解釈し過ぎだとの批判をうけるかもしれないが、この時の余英時は、伝統中国と近代西洋というステレオタイプ化された思考様式を打破しようとした意味において、晩年の殷海光と同じ思想課題に取り組んでいた、ともみなせる。

　民国期のリベラリズムの系譜に属する殷海光は、その最晩年に、リベラリズムを普遍化させるための新たな文化論の構築に全力を傾けていた。要するに、伝統文化に対する思考様式そのものを一から構築しようとしたわけである。そして、この思想課題を殷海光の直系の弟子として最も明快に理論化したのが、林毓生だった。

　林毓生（1934～／奉天省奉天〔現在の遼寧省瀋陽〕）は、殷海光の指導の下、台湾大学で哲学を専攻し、学生時代にハイエクからも影響をうけた。その後は、ウィスコンシン大学教授として活躍し、台湾の中央研究院からも院士の栄誉をうけた。その林が著わしたのが『中国の思想的危機』だった（〔丸山松幸ほか訳〕研文出

版、1989年）。同書は、五四運動期の主要な思想家だった陳独秀、胡適、魯迅をもとに、五四運動の反伝統主義の起源と限界を分析することで、思想文化によって問題の根本解決を図ろうとする伝統的思考様式から脱却することが必要だ、とした。つまり、伝統の創造的転換こそが最重要課題だ、と主張した。

以上のように、現代儒家のかつてのリベラリズムが香港や台湾から中国へと逆流するなか、さきの胡平のような主張、すなわち胡適や儲安平のように伝統中国と決別して近代西洋を普遍とみなすリベラリズムも、香港や台湾で再び広まり始めた。

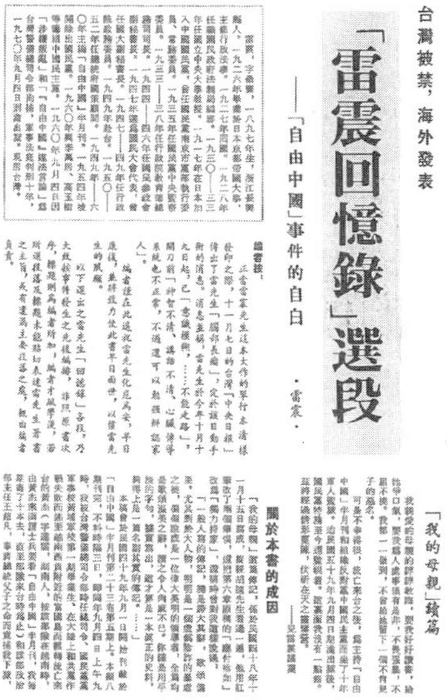
台灣被禁，海外發表
「雷震回憶錄」選段
——「自由中國」事件的自白　・雷震・
「我的母親」續篇
關於本書的成因

図15　雷震の回想録公表の記事（『七十年代』1978年2月号の巻頭を飾っている.）

香港の『七十年代』は、『自由中国』事件の当事者だった雷震が釈放された後、台湾で発禁処分となった彼の回想録を、一部抜粋して世間に公表した【図15】。この回想録が公表された翌年には、台湾で美麗島事件が発生した。雷震が夢見た野党結成の動きは、1970年代の台湾にあっては、もはや止められなかった。『美麗島』を創刊したこの党外勢力は、集会・結社の自由と民主政治の実現を国民党政権に突きつけた。しかし、これに対して、国民党政権は弾圧で応えた。この美麗島事件は、確かに一旦は台湾の民主化運動を

鎮火させる効果をもったが、結果的に、国民党政権の威信を低下させ、1980年代後半の民進党結成と長期戒厳令の解除を促した。まさに、台湾では、リベラリズムが復調したばかりか、実践力を高めたのだった。

中国における体制内部のリベラリズム

　以上が、1980年代の中国を取り巻く思想環境だった。この環境下で当時の中国は、政治体制改革論を容認し、李鋭ら共産党政権内部からのリベラリズムも引き出したのだった。

　李鋭（1917～／湖南省平江）は、民国期に抗日の気運を一気に高めた運動として知られる1935年12月9日の一二九運動に参加し、1937年に共産党に入党した。人民共和国成立後も共産党政権の内部から批判的意見を表明し、その実直な物言いが毛沢東の気に入られるところとなって毛の秘書になったが、1950年代末に反党集団の一味とみなされて党籍剥奪の処分をうけ、文革では投獄された。1979年に名誉が回復されると、中央組織部副部長、中央委員などを歴任し、1991年からはリベラルな改革派の雑誌である『炎黄春秋』――2016年に事実上の廃刊――で編集顧問を務めた。

　このような経歴を歩んできた李鋭は、本書で扱った民国期のリベラリズムから何らかの薫陶を直接うけていたわけではない。しかし、李の信念と主張は、顧準や胡平らと同じ様に儲安平らのそれと同質であり、さらには、当時の民国期の思想環境のなかから直接形成されてきたといっても過言ではない。というのも、彼は、顧準や胡平とは違い、20世紀前半の知的空間そのものを体感しいるからである。その一例を示すのが、一二九運動世代の人々を回顧した文章だった（「序文――李昌と『一二・九』世代の人々」范泓『党内の

覚醒者——中国の改革年代における李昌』明報出版社、2008年)。

この文章は、共産党の内部から中国の改革と中国の前途を1980年代以降に批判的に考察してきた李昌という旧友を紹介した文章であるが、ここで興味深いのは、李鋭が、李昌ともども参加した一二九運動を振り返って、この時期に入党した党員を「一二・九」世代と呼んで、その特徴を次のように指摘していることである。

> 中国共産党は、結党から1949年に全国政権を樹立するまでに、その党員の構成をほぼ次の3種類に区分できる。
>
> 第1類は、建党時期の本土の知識人と国外(ソ連、フランス、ドイツ)から帰ってきた知識人である。……
>
> 第2類は、党が1920年代後半に農村に退去して軍事闘争を発動してから、1940年代の解放戦争までに動員した多数の農民と都市の貧民である。……
>
> 第3類は、「一二・九」運動と対日抗戦時期に入党した大学、高校の青年学生である。……この集団は、共産党のイデオロギーをうけ入れた当初、マルクス主義とレーニン主義の古典的書物を系統的に読んではおらず、左翼文学と進歩的な政治書をより多く読んでいた。搾取階級を打倒し、搾取制度を廃止して、労農政権を樹立するというマルクス主義の社会的理想が、彼らが追求している自由、民主、平等という価値観と、ある程度重なっていた。民族主義(抗日救亡)と民主主義(国民党の蔣介石による独裁と専制に反対)は、彼らが共産主義に投ずる基本的な思想要因だった。前にあげた2つの集団と比較すれば、より理想主義的な色彩と独立した人格をもっていた(李鋭〔小島晋治編訳〕2013)。

要するに、この「一二・九」世代の共産党員は、「元来の民主、自

由の理念を潜在的に保っており、思惟方式と行為方式において、毛沢東個人を崇拝対象とし、『毛沢東思想』を正統イデオロギーとする『党文化』とは内在的に食い違いを感じていた」というのである（李鋭〔小島晋治編訳〕2013）。このような信念は、「1つの政党、1人の指導者、1つの主義」に反対するということに他ならない。

李鋭のいう「一二・九」世代の共産党員がもつ政治思想とは、まさに、国民党政権の独裁体質を批判し続けた、あの儲安平が活躍した1930年代から1940年代における民国期のリベラリズムと何ら変わるものではない。もう少しマイルドに評価するにしても、人民共和国の成立後も自由と統一の均衡を模索した銭端升のような政治思想と、大いに重なるだろう。李が共産党政権の内部に構築したリベラルなネットワーク（及川淳子 2012）とは、このような歴史性を帯びていた、と言い得るのである。こうした歴史性を背負っていた李の信念は、「党自身の改革についてのいくつかの提案――『一党独裁』体制を改めよ」（2007）という歴史を回顧した文章に、余すところなく見事に濃縮されている。

　我われの党は、建党以来、民主に対する理論的認識を欠いてきた。まして、実践の経験は言うに及ばない。陳独秀は、1942年に世を去る前に書いた文章で、スターリンの専制独裁を批判して、かつて民主の問題をこう語った。「民主主義をブルジョアジーの専売品とみなすほど浅薄な見解はない」。……我われの党は、封建専制に反対することを革命の主要な任務とした。だが、政権奪取後、かえって、この民主革命の任務を完全に抛棄して……、イデオロギーの領域では毛沢東1人を尊ぶと同時に、全面的に国民経済を独占した。つづいてさらに一歩すすめて、いわゆる「政治戦線と思想戦線における

社会主義革命」をすすめ、反右派闘争を発動して、全社会の言論の自由と出版の自由を剝奪した。……

　……根本的に問題発生の根源を絶つには、必ず我が党の特権的地位を有効に消去しなければならない。当面する問題からいえば、第1に上級機関への進言の道を開放し、憲法に依拠して言論の自由、報道の自由、出版の自由、結社の自由などの公民の権利を保障し、民衆と世論の監督をうけ入れて、権力を濫用しないことを保証しなければならない。……

　憲法を尊重し、憲政を実施するには、第1に言論の自由、報道の自由、出版の自由を開放し、「報道出版法」を制定しなければならない。共産党中央宣伝部の職能を徹底的に変え、これを思想の解放、憲政実施の保障、公民の自由な権利の擁護を促進する部門となすべきで、もはや、思想、言論、報道、出版の監督とコントロールの部門としてはならない。そうでなければ、言論の自由すらないのに、どうして和やかな調和のとれた社会が有り得ようか。……我われはすでに「世界人権宣言」とベルヌ条約[*35]に調印し、人権と民主の普遍的な価値を承認した。……

　……およそ老党員、とくに「一二・九」運動世代の大部分は、私のこの提案に同意するだろうと信じている。なぜなら、我われが当時共産党に入党したのは、蔣介石の「1つの主義、1つの党、1人の指導者」なる専制支配に反対して、自由、民主、富強の新しい中国を創建するために闘ったからである！（李鋭〔小島晋治編訳〕2013）。

「民主か独裁か」の奥側にあるもの

　民国期のリベラリズムは、香港や台湾から中国へと逆流しながら、それぞれの地域で復活し、それぞれの地域で独自の展開をみせた。「六四」は、こうした思想状況下で発生した。

　「六四」発生前後の中国、香港、台湾のリベラリズムの動向については、今後きちんとした分析がなされなければならない。そのため、本書が現段階でいえることは、極めて限られている[*36]。

　一般論からすれば、「六四」後の中国は文化保守主義へと転換し、普遍のリベラリズムを追求する動きは香港と台湾へと再び拡散せざるを得なくなった。しかし、1990年代以降の知識人は、自由や民主政治を直接議論することに代えて憲政論を提起するようになったように、新たな思考様式を模索している（周永坤 2010）。

　たとえば、許紀霖（1957～／上海）という学者がいる。許は、個人の自由と社会の正義をいかにして1つに有機的に融合するのかを、理論面でも実践面でも、模索し続けている。その彼は、かつての中国のリベラリストに対しては、手厳しい批判を浴びせている。すなわち、彼らは問題の深刻さを理解し、問題の所在について正確に把握していたにもかかわらず、政治哲学の面においても、政治実践の面においても、ほとんど貢献しなかった、と。ただ、彼らが西洋の思想家たちと同じレベルにあり、その彼らの基礎の上に、殷海光ら1950年代の台湾のリベラリストたちが「自由と正義」の問題を検討してきたことは、重たく受けとめなければならない、とした（許紀霖 2000）。

　許紀霖は、1980年代の中国が近代西洋を普遍的な価値と規範をもつものと認識していたのに、1990年代の中国がこの普遍性を追求しなくなった、と理解している。ところが、許は、それでも、か

つての中国におけるリベラリズムの遺産を掘り起こすことで、新たな段階へと議論の質を転換しようとした。現在の彼は、普遍の近代西洋と特殊な伝統中国という枠組みを脱却して、文明を世界に普遍的なものとみなし、その下で文化多元主義を実現することで、中国的価値のあり方を追求すればよい、と主張している（許紀霖 2015）。

　もう1つ具体例を挙げておこう。それは、民国期のリベラリズムの展開と深くかかわっている余英時の言動である。

　共産党政権は、かつてあれほどまでに批判してきた儒教文化を、20世紀の終わりから、徐々に礼賛し、政治的に利用しようとしている。官製の儒教社会主義論や儒教憲政論も、中国や香港で話題となっている。しかし、共産党政権が展開するこの伝統主義を辛辣に批判しているのが、現代儒家の流れをくむ余英時である。余は、「大陸が儒家を提唱するのは、儒家への死の接吻である」（2014）と題した講演会で、次のように発言したという。

　　唐君毅先生のような人が、本当の意味で新しい儒家を創造したのであって、唐先生や彼の友人たち、牟宗三先生、徐復観先生、張君勱先生などですね、彼らが提唱した儒家は、真に学術的な儒家、批判的な儒家でした。お上をおかし、乱を起こしてはならないとは、決して口にしない儒家でした（緒形康 2015）。

彼ら2人の言動からも読み解けるように、「民主か独裁か」といった紋切り型の二分法は、もはやあまり説得力をもっていない。しかも、彼ら2人も言及しているように、20世紀前半以来の中国におけるリベラリズムの歴史性が、現在の様々な言説には横たわっている。さらにいえば、この歴史性は、中国、香港、台湾のトライアン

おわりに　221

グル関係を踏まえた上で理解されなければならない。

　多くの読者が読み解きたいと感じている歴史性とは、中国のリベラリズムの系譜が共産党政権内部のリベラル派李鋭を包み込み、その李が劉暁波の「08憲章」に共感していた、というものだろう。しかし、本書が読み解きたかった、ひまわり運動や雨傘運動の「民主か独裁か」という切り口の奥側に潜んでいたものとは、そういった安易な中国批判に結びつきやすいイデオロギー性を帯びた歴史性ではない。本書が読み解きたかった歴史性とは、繰り返し強調しておくが、現在の中国や香港や台湾の社会が意識しているかどうかにかかわりなく、「両岸四地」（中国、台湾、香港、マカオ）と呼ばれる状況下で、自由と権力というリベラリズムの本質的課題を政治面からも文化面からも実践的に問い続けている、その様である。

　最後に、一言述べておきたい。

　本書は、中国研究者として、リベラリズムをナショナリズムやデモクラシーなどを含めて理論化しようとしたものではない。20世紀以降の中国にもリベラリズムとしか呼べない思想潮流と諸現象が存在し、リベラリズムが香港や台湾に伝播し連鎖していることを、中国研究以外の研究者と一般の方々に示したかった。中国も、日本や他国と同じようにリベラリズムをめぐって苦悩しており、この点では、まったく同じなわけである。21世紀がアジアの時代であるならば、西洋と日本のみと向き合ってきた研究者や一般の方々は、そろそろ中国、香港、台湾も含めてリベラリズムを探究しなければならないだろう。もう、そういう時機が来たと考える。

注　記

＊1　2014年3月、台湾の立法院は、中台間のサービス分野での市場開放をめざすサービス貿易協定の批准にむけて審議をおこなった。学生らは、そのサービス貿易協定に反対するデモに参加し、立法院の議場に突入した。その後、同協定の審議はストップし、ひまわり運動に参加した若者らは時代力量という政党を組織して、2016年1月の立法院選挙で議席を獲得した。

＊2　1919年5月4日の五四運動は、第一次世界大戦のパリ講和会議によって日本の山東権益が認められ、それに憤慨した学生らが条約の調印拒否を求めたナショナリズム運動である。ただし、この運動は1915年に始まる新文化運動を含めて広義に解釈される場合がある。そのため、五四運動の精神性とは、新文化運動の自由、平等、個性の解放、人道主義といった理念を含むことになる。なお、パリ講和会議に派遣されていた民国の代表団が五四運動の直前にベルサイユ条約の調印拒否を実質的に決めていたことが、今日知られている。

＊3　ケンブリッジ大学教授で、憲政下における国家や政府の役割を重視した。

＊4　民国の中央政府は、孫文から権力を引き継いだ袁世凱を中心とする北京政府だった。しかし、地方の有力な政治家や軍人（「軍閥」）が合従連衡を繰り返すなか、孫文ら国民党も南方に移動して、北京政府に対抗するようになった。こうして民国が南北分断を修復できない状態に陥って、国民党は1920年代後半に国民革命を発動した。これは、対内的には民国の再統一を目ざし、対外的には主権の回復を目ざすという一種のナショナリズム運動だった。孫文の後継者となった蔣介石が北伐を完成させたことで、国民党が指導する国民政府（国民党政権）が1928年に中国を再統一し、首都を南京に定めた。

＊5　国民党が国民に代わって国家を統治する、いわば国民党による一党独裁の政治。

＊6　共産党や民盟などの第三勢力（「民主党派」）といった各党派、各団体から成る統一戦線組織で、1949年9月に第1回全体会議を開催した。1946年1月に国民党、共産党、民盟などの第三勢力といった各党派、各団体が集まって開催した政治協商会議と対比させて、新政治協商会議と呼ばれることもある。

＊7　筆者も数年にわたり共同調査してきたNHKのBS番組「日中"密使外交"の全貌——佐藤栄作の極秘交渉」（2017年9月24日放送）参照。1972

年の日中国交正常化交渉の過程を日本史や日中関係史の枠組みとは別に、中国近現代史の文脈からも位置づけ直す必要がある。この作業は、別の機会におこなうつもりである。
* 8 　北京大学、清華大学、南開大学が日中戦争期に雲南省昆明に疎開して運営した大学。その後の中国を支える多くの人材が輩出された。
* 9 　日中戦争期の国民党政権の諮問機関であり、民意を反映することを期待された。戦時国会と呼ばれることもある。盧溝橋事件から1年後の1938年に新設され、憲政が実施される1948年に終結を宣言した。
* 10 　中国人民政治協商会議とは違う。注6参照。
* 11 　ただし、1954年4月の全国政法教育会議は法学教育の危機を認識するようになり、共産党は北京大学、復旦大学、西北大学で法学部を復活させた。
* 12 　代表的な批判文書は、呉家麟「資産階級憲法を批判することに関する幾つかの問題——銭端升、楼邦彦著:"資産階級憲法の反動的本質"を評す」(『教学与研究』1956年第11期、1956年11月)、盧一鵬「法政界の右派大将——銭端升」(『政法研究』1957年第5期、1957年10月)である。なお、銭と楼を「右派」として批判した法学者呉家麟も、「右派」として批判された。
* 13 　19世紀後半の清末に李鴻章らがすすめた近代西洋化の運動。清朝の体制と矛盾しない範囲でおこなわれた。
* 14 　事実をより正確に記すと、張君勱は、当初はロシア革命を部分的に肯定する姿勢を示していた。しかし、1920年代後半に中国国内で国民革命が展開された頃から、ロシア革命を全面否定するようになった。
* 15 　事実をより正確に記すと、張君勱は、日中戦争期から日中戦争終結直後にかけて、共産党と一時的に友好な関係を築いたこともあった(鄭大華1999)。
* 16 　1945年4月から6月にかけて連合国50ヵ国が参加し、おもに国際連合の設立について議論した。国際連合憲章を採択し、戦後世界の国際協力体制を築いた。
* 17 　五権とは、立法、行政、司法の三権に監察と人事(「考試」)という二権を加えたものである。
* 18 　司法を運営していくために必要な行政事務、たとえば、裁判官その他の職員の任命、配置、監督などを処理することを指す。これらは、裁判権の行使という本来の司法作用からすれば、性質上は行政作用である。そのため、裁判官は裁判に専念し、これらの事務は行政府が管掌するとするシス

テムも有り得る。
* 19 「反乱鎮定時期臨時条項」とよばれ、1948年4月に制定された。これは、総統に強大な独裁的権限を与え、その後の台湾における憲政を事実上凍結させた。この条項は1991年5月に廃止された。
* 20 国史館所蔵軍事委員会委員長侍従室檔案「江映枢」(数位典蔵号129000008153A)、国史館所蔵内政部檔案「専員黎蒙等」(数位典蔵号026000000689A)、国史館所蔵軍事委員会委員長侍従室「黎蒙」(数位典蔵号129000068314A)。なお、黎蒙の略歴は、彼と国民党とのマイナスの関係を強調したい程思遠『我的回憶──100年中国風雲実録』(北京：北方文芸出版社、2011年)、彼の存在そのものをほぼ無視している全国政協文史和学習委員会編『回憶李宗仁』(北京：中国文史出版社、2013年)、これら2冊とは対照的に黎蒙と李宗仁と共産党との関係を指摘する「李宗仁的心腹"喉舌"黎蒙」(アクセス先：http://blog.sina.cn/dpool/blog/s/blog_61e149480100evvg.html) にも掲載されている。ただし、このネット情報はあまり正確ではない。
* 21 関連する史料として、国史館所蔵外交部檔案「寮国僑教(1958〜1967年)」(数位典蔵号020-011207-0005)、国史館所蔵外交部檔案「寮国僑教(1958〜1961年)」(数位典蔵号020-011207-0006) がある。
* 22 1935年から1936年にかけて日本がおこなった華北分離工作は、中国の民族的な危機感をこの上なく高めた。そこで、満洲事変で故郷を奪われ流亡していた東北軍指導者張学良は、1936年12月、蔣介石を西安で監禁し、国共内戦の停止と一致抗日などを要求した。この事件は平和的に解決され、中国は抗日ナショナリズムを全土で高めていった。
* 23 日中戦争開始から1か月後(1937年8月)に国民党が新設した機関。文字どおりに国防に関する意思決定をおこなう機関で、のちに国防最高委員会に改められた(1939年1月)。
* 24 正式名称は中国共産党中央南方局。組織改編を何度か経て、1938年11月に重慶で再建された。この時の中心的指導者は、周恩来や董必武らだった。1944年に中共重慶工作委員会に一旦は改称されたが、1945年8月に再び南方局となり、翌年5月に廃止された。
* 25 昆明で発行された『戦国策』誌および重慶『大公報』の「戦国」欄で自説を展開したグループ。雷海宗らを中核メンバーとする。戦時下においては独裁政治のみが生き残る術だと主張したため、中国版ファシズム論とみなされている。ただし、自由の理念を完全に放棄したわけではない、ということも近年指摘されている。

＊26　国史館所蔵蒋中正総統文物檔案「龍雲呈蒋中正請取消行営増設副総司令之意見、黎蒙呈聘用江映枢為国家元輔、龍雲呈宋子文請餉糧食部接済滇省等」（数位典蔵号 002-080101-00041-004、1945 年〔2017 年 3 月時点で非公開〕）。
＊27　CC とは、一種の秘密結社のような中央クラブ（Central Club）の略称とも、また、そのリーダーの陳果夫（Chen Guofu）と陳立夫（Chen Lifu）の頭文字から命名された、ともいわれている。
＊28　蒋介石が中心となって 1938 年 3 月に組織した。三民主義の具体的な実現を目ざしつつ、弛緩しつつあった国民党組織を内部から改革しようとした試みだった。しかし、国民党内部でやがて対立を引き起こすようになり、党団矛盾とよばれるような事態を招いた。
＊29　1947 年、日本の植民地支配から民国統治下に入ったばかりの台湾で発生した政府と社会との衝突事件。政府の側は主に中国から台湾に渡ってきた人々（外省人）、社会の側は主に台湾で昔から生活していた人々（本省人）だったため、この事件が外省人と本省人の溝を広げた歴史的要因の 1 つだとみなされている。
＊30　人民共和国が成立した 1949 年以降、香港や台湾の政界と思想界では、民主政治と独裁政治が対立する時代を迎え、民主政治を支持すべきだとの認識が広まっていた。その際に、『民主評論』と同等かそれ以上に伝統文化の遺産を活用すべきだとの姿勢を示したのが、『民主中国』だった。この政論誌は、張君勱の民社党によって 1949 年 9 月から台北で約 8 年間発行され、発行責任者が病没したことで一旦停刊となったが、1958 年 9 月に復刊を果たした。
＊31　その後、この反英抗争は暴力化を強めたため、1967 年 12 月、周恩来は、否定的な評価を下して、一連の抗争を収束させた。ただし、現在も「六七暴動」を「反英抗暴」、つまりイギリスの暴力に反対し抵抗したと総括するのが適切だとする動きが強まっているように、この事件に対する共産党の歴史評価は今もなお揺れ動いている。
＊32　張聞天（1900 ～ 1976 ／江蘇省南匯〔現在の上海〕）は、人民共和国成立後に、駐ソ連大使、外交部副部長などを歴任した。彭徳懐が 1959 年の廬山会議で毛沢東の急進的社会主義政策を是正するように求めると、張は、彭徳懐グループの一味とみなされ、この会議で「右派」として批判された。
＊33　陳伯達（1904 ～ 1989 ／福建省恵安）は、人民共和国成立後に、中央宣伝部副部長を務めるなど、専ら学術、文化、教育政策の面で指導力を発揮

した。共産党機関紙『紅旗』編集長として、毛沢東の急進的社会主義政策を支持した。

＊34　ただし、この「4つの近代化」の発想は、1954 年 9 月の全国人民代表大会での周恩来の発言にまでさかのぼれる。周は 1964 年と 1975 年の全国人民代表大会でも、「4 つの近代化」をすでに提起していた。

＊35　著作権を国際的に保護するための 1886 年の条約。正式名称は、文学的および美術的著作物の保護に関するベルヌ条約。中国は 1992 年に加盟した。ちなみに日本は 1899 年に加盟、アメリカは中国とほぼ同時期の 1989 年に加盟した。

＊36　「六四」の学生リーダーだった王丹〔加藤敬事訳〕(2014) が指摘するように、文革後の、とりわけ「北京の春」以降に登場した 1980 年代の政治体制改革論は「ポスト文革世代」によっても牽引されたが、それは同時に反右派闘争で弾圧された「「五七世代」の思想的枠組みをほとんど越え出ていな」かった（同書 201 頁）。この指摘は、本書が描き出してきた事実とも符合する上に、小島朋之 (1999) などの理解とも符合する。したがって、今後は、本書が改めて描き出した枠組みを基本線としつつ、1970 年代後半から 1990 年代前半の政治思想史を近現代中国史のなかに定位することが必要となってくる。この課題は、自ずと、人民共和国が社会主義をどの程度まで受容したのかということを解明することにもつながるだろう。

特設解説1：近現代中国の政治史

　清朝は、国際政治の変化をうけて、伝統的な王朝から近代的な国民国家へと変革を求められた。その出発点が、20世紀初頭に始まる立憲改革だった。皇帝を仰ぐ清朝からすれば、立憲君主制こそが目ざされるべき方向であり、このような政治勢力は立憲派と呼ばれた。これに対して、清朝という王朝体制そのものを解体して国民を主役にしようとした孫文ら中国同盟会（のちの中国国民党）からすれば、立憲民主制こそが目ざされるべき方向であり、このような政治勢力は革命派と呼ばれた。立憲派も革命派も、「中国」というナショナリズムを創出しようとした点では一致していたが、1911年に始まった辛亥革命は君主国から共和国への転換を促し、革命派による中華民国が新たに誕生したのだった。

　ところが、孫文を中心にして南京に発足した新政府は、不安定だった。なぜなら、民国に入ってからも、旧立憲派の勢力が残り続けていたからである。結局、革命派の孫文は旧立憲派の流れをくむ袁世凱に政権を譲り、首都も北京に移った。いわゆる、北京政府の始まりである。この北京政府は、共和国から君主国へと逆戻りするかのような政治的動きをたびたび発生させ、これに不満を募らせた革命派は、南方に移動して、別の政府を樹立した。やがて革命派は、中国国民党を結成して組織の拡大を図るとともに、民国という共和の理念を何とか守ろうとした。孫文の後継者となった蔣介石は、国民革命を主導し、1928年、国民党を中心とする国民政府の下に民国を再統一した。

　しかし、南京におかれたこの国民政府にも激震が走ることになった。1931年の満洲事変、1937年の盧溝橋事件がその最たるものである。国民政府は、南京から武漢、そして重慶へと移動して、日中戦争を連合国（アメリカ、イギリス、フランス、ソ連）の一員として戦い抜いた。1945年に終戦を迎えると、国民政府は再び南京に戻り、満洲や台湾を含む中国全土を憲政によって統治し、共和の理念を実現することを期待された。しかし、この憲政は、毛沢東ら中国共産党との内戦のなかで実施されることになった。その結果、1949年に民国は台湾へと逃れ、毛沢東ら共産党が指導する中華人民共和国が北京に成立した。ちなみに、1945年の終戦後も、香港はイギリス統治下に残り、その返還は1997年まで待つことになった。

　人民共和国は、その成立当初、共産党以外の政治勢力とも連合する新民主主義の段階にあった。しかし、それは同時に、共産党の指導を前提とするものでもあった。この両義性は、人民民主独裁なる概念に表わされている。これはプロレタリア独裁を意味し、簡潔にいってしまえば、統治階級の人民に対しては

「民主」的ルールを適用するが、人民の敵対勢力に対しては「独裁」の姿勢で臨む、というものである。やがて、人民共和国は、社会主義への移行を謳う憲法を制定し、統制の強化とその緩和を繰り返すことになった。1950年代前半に思想改造などの統制政策が全国で実施され、その統制を緩める「百花斉放、百家争鳴」政策が一旦は採用されたが、直後の1957年に人民の敵対勢力を徹底的に弾圧する反右派闘争が展開された。この1950年代後半は大量の餓死者を出した「大躍進」政策の失敗も重なったため、1960年代前半に入ると、政治、経済、思想、文化のあらゆる領域で調整政策が実施された。しかし、中ソ論争が激化するなか、人民共和国は中国独自の社会主義路線を模索するようになり、1966年から文化大革命を発動した。この混乱はおよそ10年続き、その立て直しを図るべく、鄧小平を中心とする改革開放政策が全面に押し出された。

なお、1949年に「中華人民共和国が建国された」としばしば表記されるが、国際法でいう国家承認と政府承認を峻別する立場からすれば、「建国」は「1つの中国を積極的に否認する」かのような誤解を招く表現である。もし「建国」の「国」が文字どおりに国家を指すのであれば、それは国家承認を求めていると解釈され、民国とは別の国家を認めること、つまり「2つの中国を率先して認める」ことにもつながりかねない。このような無用な誤解を避けるためにも、「成立」という中立の概念を使用したほうが無難だろう、というのが日本の中国近現代史研究者の考えである。

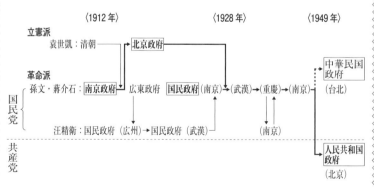

図16 近現代中国の政府の変遷（中村元哉『対立と共存の日中関係史 共和国としての中国』講談社, 2017年, 27頁を改変して作成）

特設解説 2：近現代中国の憲法史

　清朝から民国へという変化は、普遍的な言葉で要約すれば、君主国から共和国への転換ということになる。したがって、民国期に、どんなに革命や戦争が引き起こされようとも、北京政府も国民政府も、内政と外交の両面において近代化を推し進めながら、世界の潮流に適応するために、ナショナリズムとリベラリズムを包摂する憲政を国制という広がりのなかで追求せざるを得なかった。換言すれば、共和の理念を掲げる民国では、誰がどのように憲政を施行するのか、そして誰がどのようにその憲政の根幹部にあたる憲法という法的正統性（「法統」）を継承するのかが問われることになった。

　確かに、国民党も共産党も、革命政党としての性格をもっている。憲政ではなく革命で正統性を確保すればいい、という論理がないわけではない。しかし、国民党は、そもそも訓政と呼んだ自らによる一党独裁政治を恒久的なものとみなしていたわけではなく、国民主権の憲政へと移行して、共和国としての民国を発展させることを既定路線としていた。また、共産党も、国民党の憲政を完全否定して、社会主義体制下の一党独裁を実質的に堅持しているが、人民"共和"国であるからには、憲政と憲法そのものを否定するわけにはいかない。この意味において、憲政は民国期のみにとどまるものではなく、中国近現代史を貫くものでもある。

　中国の憲法の始まりは、憲法に準じた文書も含めれば、1908年の憲法大綱にさかのぼる。清朝の立憲改革の本丸として準備された憲法大綱は、やがて「欽定」の二文字が付されたことからも分かるように、皇帝を温存した立憲君主制への軟着陸を試みたものだった。しかし、当時の中国情勢は欽定憲法大綱では収拾をつけられないほどになっており、清朝がイギリスの議院内閣制に接近した憲法重大信条 19 条（19 信条）を急ぎまとめたとはいえ、もはや辛亥革命の勃発は避けられなかった。1912 年、共和国としての民国が中国に誕生し、孫文らを中心にまとめられた中華民国臨時約法（旧約法）がその法統となった。この約法は国民主権を謳い、立法権の強い権力構造を採用した。

　ところが、民国の前期にあたる北京政府期には、清末の立憲君主制を支持した勢力も残った。この袁世凱らを中心とする勢力は、中華民国臨時約法の流れをくむ、強い立法権を温存しようとした中華民国憲法草案（天壇憲草）とは逆に、行政権を強化する中華民国約法（新約法）を制定した。この新約法は、旧約法の民主性を否定して強権的な権力構造を創出したということになるが、そもそも立法権が強すぎた旧約法では政治が空転してしまい、その政治的な不安

定さを解消するために新約法が求められた、という歴史の必然性も無視してはならない。いずれにせよ、共和国としての民国の法統が旧約法にあるのか、それとも新約法にあるのか、そして、それが旧約法にある場合には誰が何を根拠に継承しているのかが激しく争われるようになり、旧約法の流れをくむ孫文らが南方に移動したため、中国は南北分裂の様相を呈した。ただし、北方の北京政府が新約法、南方の国民政府が旧約法という単純な対立とはならなかった。北京政府でも旧約法を回復して民国の法統を保持すべしとの声も強く、憲法をめぐる対立は複雑化した。北京政府の中華民国憲法（曹錕憲法）は、不正な選挙をおこなった中国憲政史上の汚点として記憶されているが、残余の自由を認めたという点では、人権を最大限に保障しようとした憲法でもあった。

　この混沌とした状態に終止符をうったのが、国民党の蔣介石が率いた国民政府による中国の再統一だった。国民政府は、中華民国訓政時期約法、いわば訓政（国民党による一党独裁政治）期の憲法に相当する法を制定すると同時に、旧約法の法統を完全に回復して共和国としての民国を軌道に乗せるべく、憲法草案の作成にとりかかった。国民政府は、満洲事変後に日中の対立が深刻化するなかで、行政権に優位性を認める中華民国憲法草案（五五憲草【図17】）をまとめ、国民の代表を選出する国民大会代表選挙を順次実施した。ところが、日中戦争が勃発したことにより、憲政への移行はストップした。

　しかし、憲政へと一旦動き出した中国の流れは、たとえ戦時下であっても、もはや止まらなかった。戦時の諮問機関だった国民参政会は、国民党や共産党とは別の第三勢力（後述）と呼ばれた政治グループや無党無派と呼ばれた知識人たちも参加する、いわば民意の調達と調整を期待された機関であり、この国民参政会は、強権的な五五憲草を修正して、

表3　近現代中国憲法の歴史

年	事　項
1908年	欽定憲法大綱を公布
1911年	憲法重大信条19条を公布
1912年	中華民国臨時約法（旧約法）を公布
1913年	中華民国憲法草案（天壇憲草）を発表
1914年	中華民国約法（新約法）を公布
1916年	旧約法の復活
1923年	中華民国憲法（曹錕憲法）を公布
1931年	中華民国訓政時期約法を公布
1931年	中華ソビエト共和国憲法大綱を公布
1936年	中華民国憲法草案（五五憲草）を発表
1947年	中華民国憲法を公布
1949年	中国人民政治協商会議共同綱領を公布
1954年	中華人民共和国憲法（54年憲法）を公布
1975年	中華人民共和国憲法（75年憲法）を改正公布
1978年	中華人民共和国憲法（78年憲法）を改正公布
1982年	中華人民共和国憲法（82年憲法）を改正公布

立法権を強化しようとした。この修正案は、蔣介石ら国民党の中枢部によって認められることはなかったが、国民党の内部には、孫文の長子である孫科らをはじめ立法権の強化を否定しない党員も存在した。こうして一部の権力者と社会の人々が連携可能な状況下で憲政運動が戦時から戦後にかけて広がり、共産党も参加した政治協商会議の合意事項を一部踏まえて、より自由で民主的な中華民国憲法が制定、公布、施行された。この中華民国憲法は、中国近現代史において最も立憲主義的な憲法だった、と評価できる【図18】。

ところが、この中華民国憲法下の憲政は、国民の代表を選出する国民大会代表選挙の過程で政治的な混乱を生み、国共内戦下で行政権を過渡的に強化することを容認したため、実質的には機能しなかった。こうした憲政の失敗は、共和国としての民国の法統を回復し維持するという観点からすれば致命傷であり、民国の憲政を刷新する人民共和国が1949年に共産党の指導下で成立した。

この人民共和国は、中華民国憲法を廃棄した一方で、共産党以外の政治勢力とも協力する政治体制としてスタートした。それを制度化したのが、中国人民政治協商会議共同綱領だった。しかし、同綱領はあくまでも過渡的な憲法に準ずる文書であり、共産党は、かつての中華ソビエト共和国憲法大綱で構想した社会主義憲政を実施すべく、中華人民共和国憲法（54年憲法）を制定、公布、施行した。この憲法は、中華民国憲法とは違って党の指導を明文化し、党の指導性を維持したまま、1975年、1978年、1982年の改正を経て、今日に至って

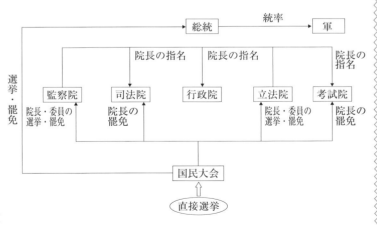

図17　五五憲草のイメージ図（中村元哉『対立と共存の日中関係史　共和国としての中国』講談社，2017年，147頁）

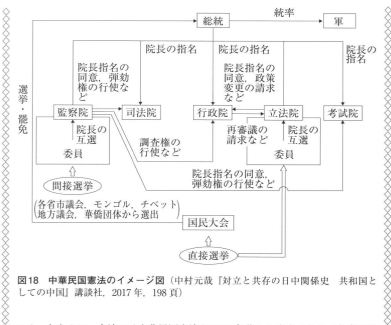

図18 中華民国憲法のイメージ図(中村元哉『対立と共存の日中関係史 共和国としての中国』講談社,2017年,198頁)

いる。ちなみに、台湾では中華民国憲法が1990年代から本来のあるべき姿で運用され、現在も台湾の民主政治を支えている。

特設解説３：近現代中国の主な政治党派

　中国では、20世紀初頭から、様々な政党や政治グループが結成された。大まかに分類すると、中華民国の後半にあたる国民政府期に政権を担った中国国民党、中華人民共和国の政治を指導する中国共産党、その国共両党の間に位置する第三勢力（「民主党派」）の３つに分類される。
〈中国国民党〉
　その前身組織は、清末（1905年）に東京で結成された中国同盟会である。中国同盟会は、他の政治グループを吸収しながら、民国初年（1912年）に公開政党として国民党に改称された。しかし、この国民党は袁世凱によって解散を命じられ、孫文は再び亡命先の東京で中華革命党を結成した。1919年、この中華革命党は中国国民党と改称し──国民党という略称は1912年の国民党ではなく、1919年に成立したこの中国国民党を指す──、孫文の三民主義を理念に掲げ、軍政（軍事力に依拠する政治）から訓政（国民党による一党独裁政治）そして憲政へという国家構想を描いた。そのリーダーは孫文から蒋介石へと変わり、満洲事変、日中戦争、終戦直後の憲政への移行、台湾への撤退、日台断交（日中国交正常化）といった1920年代末から1970年代半ばまでの政治的出来事は、いずれも蒋介石時代のことだった。
〈中国共産党〉
　中国共産党は、社会主義革命としてのロシア革命と、山東半島のドイツ権益の回収を求めた五四運動から影響をうけて、第一次世界大戦終結後に上海で結成された（1920年）。初代委員長は陳独秀だったが、その後の党内における権力闘争やコミンテルンとの力関係の変化をうけて、日中戦争期には毛沢東が権威を確立した。１全大会の代表で、比較的に権威を傷つけることなく人民共和国の成立（1949年）を無事に迎えられたのは、わずかに毛沢東と董必武の２名だけだった。人民共和国期の共産党は、毛沢東、劉少奇、周恩来を中心にして運営された。
〈第三勢力〉
　中華民国期の第三勢力は、中国青年党、中国国家社会党（のちの中国民主社会党）、中華民族解放行動委員会（その前身は中国国民党臨時行動委員会、のちの中国農工民主党）、救国会、中華職業社、郷村建設協会を指す総称として使われている。これらの政治党派は、日中戦争期に別に組織された統一建国同志会を基盤にして、中国民主政団同盟（1941年）、のちの中国民主同盟（1944年）を結成した。そのため、中華民国期の第三勢力は、とりわけ1944年以降につい

ては、中国民主同盟（民盟）を主に指す。この中国民主同盟は、第二次世界大戦終結後に国民党主導の憲政移行に反対したために解散へと追い込まれた（1947年）が、翌年に香港で再建され、その後に中国に戻って、人民共和国の成立に貢献した。ここでは、本書で頻出する中国青年党と中国民主社会党に絞って、紹介しておく。

・中国青年党：パリで結成された（1923年）。国家主義を唱えたが、同時に、自由と民主政治も重視した。そのため、民盟を離脱して、中華民国憲法にもとづく憲政を支持した。1949年以後は、中国にとどまらず、台湾、香港、アメリカへと分散した。主要な人物は左舜生、李璜らである。

・中国国家社会党（中国民主社会党）：張君勱、羅隆基らが国家社会主義に傾斜した政治思想を基盤にして結成した（1932年）。しかし、実際のところは、とりわけ日中戦争期以降は、自由の保障と民主政治および憲政の実現にむけて奮闘した。第二次世界大戦終結後に民主憲政党を吸収合併して中国民主社会党に改称し、中華民国憲法に基づく憲政への移行を支持した。この民主社会党も民盟を離脱し、1949年以降は本部を台湾に移した。主要な人物は、張君勱らである。なお、羅隆基は、張君勱と袂を分かち、中国にとどまった。

〈「民主党派」〉

人民共和国が成立した後、国共両党以外の政治党派のうち、中国にとどまった中国民主同盟、中国民主建国会、中国民主促進会、中国国民党革命委員会、中国農工民主党、中国致公党、九三学社、台湾民主自治同盟を「民主党派」と呼ぶ。この8つの党派から構成される「民主党派」は、共産党の指導をうけ入れつつも、人民政治協商会議に参加することで、多党制的協力体制を演出することに一役買っている。以下では、本書で言及することになる中国国民党革命委

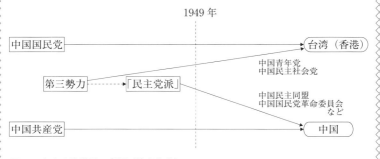

図19　主な政治党派の変遷（筆者作成）

・員会についてのみ、簡潔に紹介しておきたい。
・中国国民党革命委員会：国民党内の反蔣介石派や容共派を中心にして、香港で結成された（1948年）。孫文夫人の宋慶齢を名誉主席とし、国民党内の容共派であり女性の人権の保障にも力を尽くした何香凝らが参加した。1949年以後も中国に残り、台湾の国民党とのパイプ役としても機能した。なお、人民共和国期に対日政策を担った共産党員の廖承志は、何香凝の息子である。

主要参考史資料・文献一覧

凡例
- 日本語は五十音順に、中国語はピンイン順に、英語はアルファベット順に配列した。
- 中国語と英語については出版地も記した。

【公刊史資料】
程思遠（2011）『我的回憶——100年中国風雲実録』哈爾濱：北方文芸出版社
儲安平〔張新穎編〕（1998）『儲安平文集』（上下）上海：東方出版中心
―――〔張竟無編〕（2011）『儲安平集』上海：東方出版中心
雷震〔薛化元編〕（2010～2011）『中華民国制憲史』（全3冊）板橋：稲郷出版社
李福鐘等編選（2002）『自由中国選編』（全7冊）板橋：稲郷出版社
銭端升（1991）『銭端升学術論著自選集』北京：北京師範学院出版社
孫宏雲編（2014）『銭端升巻』北京：中国人民大学出版社
夏新華等整理（2004）『近代中国憲政歴程——史料荟萃』北京：中国政法大学出版会
徐復観〔蕭欣義編〕（1979）『儒家政治思想与民主自由人権』台北：八〇年代出版社
―――（1980）『徐復観雑文——記所思』台北：時報文化出版事業有限公司
薛化元等編注（2001～2004）『戦後台湾民主運動史料彙編』（全12冊）新店：国史館
殷海光（1966）『中国文化的展望』台北：文星出版
―――（2009～2013）『殷海光全集』（全22冊）台北：国立台湾大学出版中心
―――〔張斌峰等編〕（2009）『殷海光文集〔修訂版〕』（全4冊）武漢：湖北人民出版社
張知本（1933）『憲法論』上海：上海法学編訳社
―――〔沈雲龍訪問・謝文孫等紀録〕（1996）『張知本先生訪問紀録』台北：中央研究院近代史研究所
張知本先生奨学金董事会編（1975）『張知本先生年譜』台北：張知本先生奨学金董事会
張知本先生九秩嵩慶籌備会編（1969）『張知本先生言論選集』台北：張知本先生九秩嵩慶籌備会

【日本語】

朝倉友海(2014)『「東アジアに哲学はない」のか――京都学派と新儒家』岩波書店

石井知章ほか編(2015)『現代中国のリベラリズム思潮――1920年代から2015年まで』藤原書店

石島紀之(2004)『雲南と近代中国――"周辺"の視点から』青木書店

及川淳子(2012)『現代中国の言論空間と政治文化――「李鋭ネットワーク」の形成と変容』御茶の水書房

王貴松〔杉谷幸太訳〕(2018)「現代中国法学教育の起源」中村元哉編『憲政から見た現代中国』東京大学出版会

區志強〔古谷創訳〕(2018)「自由なくして生きる道なし――1950年代香港の『自由陣線』」前掲『憲政から見た現代中国』

王前(2015)「西洋思想と現代中国のリベラリズム――苛酷な時代を生きた思想家顧準を中心に」前掲『現代中国のリベラリズム思潮』

王丹〔加藤敬事訳〕(2014)『中華人民共和国史15講』ちくま書房

緒形康(2015)「『秘境的な儒教』への道――現代中国における儒教言説の展開」前掲『現代中国のリベラリズム思潮』

小野寺史郎(2011)「1920年代の世界と中国の国家主義」村田雄二郎編『リベラリズムの中国』有志舎

――――(2017)『中国ナショナリズム――民族と愛国の近現代史』中央公論新社

金子肇(2001)「戦後の憲政実施と立法院改革」姫田光義編『戦後中国国民政府史の研究1945-1949年』中央大学出版部

―――(2006)「国民党による憲法施行体制の統治形態」久保亨編『1949年前後の中国』汲古書院

―――(2011)「知識人と政治体制の民主的変革」前掲『リベラリズムの中国』

川崎修(1999)「自由についての試論」『立教法学』第52号

―――(2001)「自由民主主義――理念と体制の間」『年報政治学』第52巻

川島真(2017)『中国のフロンティア――揺れ動く境界から考える』岩波書店

許紀霖〔藤井嘉章訳〕(2015)「最近10年間の中国における歴史主義的思潮」前掲『現代中国のリベラリズム思潮』

久保亨(2011)「戦後中国の経済自由主義」前掲『リベラリズムの中国』

倉田徹・張彧暋(2015)『香港――中国と向き合う自由都市』岩波書店

─── (2017)「雨傘運動とその後の香港政治──一党支配と分裂する多元的市民社会」『アジア研究』第63巻第1期
小島毅（2017）『儒教の歴史』山川出版社
小島朋之（1999）『現代中国史──建国50年、検証と展望』中央公論新社
胡平〔石塚迅訳〕（2009）『言論の自由と中国の民主』現代人文社
斎藤純一（2005）『自由』岩波書店
─── (2017)『不平等を考える──政治理論入門』筑摩書房
坂元ひろ子編（2010）『新編原典中国近代思想史』（第4巻）岩波書店
────── (2016)『中国近代の思想文化史』岩波書店
佐藤慎一（1996）『近代中国の知識人と文明』東京大学出版会
周永坤〔石塚迅訳〕（2010）「紆余曲折の中国憲政研究60年──『人民日報』掲載論文を手がかりに」石塚迅ほか編『憲政と近現代中国──国家、社会、個人』現代人文社
シュウォルツ〔平野健一郎訳〕（1978）『中国の近代化と知識人──厳復と西洋』東京大学出版会
章詒和（2007）『嵐を生きた中国知識人』集広舎
章清〔中村元哉訳〕（2008）「中国現代思想史における『自由主義』」『近きに在りて』第54期
徐友漁〔石井知章訳〕（2015）「90年代の社会思潮」前掲『現代中国のリベラリズム思潮』
菅野敦志（2011）『台湾の国家と文化──「脱日本化」・「中国化」・「本土化」』勁草書房
砂山幸雄編（2011）『新編原典中国近代思想史』（第7巻）岩波書店
薛化元（2010）「憲法の制定から憲法の施行へ」前掲『憲政と近現代中国』
戴晴〔田畑佐和子訳〕（1990）『毛沢東と中国知識人──延安整風から反右派闘争へ』東方書店
谷垣真理子ほか編（2014）『変容する華南と華人ネットワークの現在』風響社
田村哲樹ほか（2017）『ここから始める政治理論』有斐閣
土岐茂（1984）「50年代中国における法の継承性論争の展開過程──法の論理と政治の論理の交錯」『早稲田法学会誌』第35巻
中村元哉（2004）『戦後中国の憲政実施と言論の自由1945-49』東京大学出版会
─── (2005)「1940年代政治史からみた『自由中国』創刊の背景──『出版法』改正議論をめぐって」『現代台湾研究』第29号
─── (2009)「言論・出版の自由」久保亨ほか編『シリーズ20世紀中国史

――――――グローバル化と中国』(第 3 巻) 東京大学出版会
――――――(2013)「相反する日本憲政観――美濃部達吉と張知本を中心に」川島真ほか編『対立と共存の歴史認識――日中関係 150 年』東京大学出版会
――――――(2015A)「時評――香港「雨傘運動」の歴史的射程」『歴史学研究』第 930 号
――――――(2015B)「中華民国憲法制定史――仁政から憲政への転換の試み」『中国――社会と文化』第 30 号
――――――(2015C)「一党支配を掘り崩す民意――立法院と国民参政会」深町英夫編『中国議会 100 年史――誰が誰を代表してきたのか』東京大学出版会
――――――(2017)『対立と共存の日中関係史 共和国としての中国』講談社
――――――(2018)「中国憲政とハンス・ケルゼン――法治をめぐって」前掲『憲政から見た現代中国』
西村幸次郎編訳・解説 (1983)『中国における法の継承性論争』早稲田大学比較法研究所
西村成雄 (2011)「憲政をめぐる公共空間と訓政体制」久保亨ほか編『中華民国の憲政と独裁 1912-1949』慶應義塾大学出版会
野村浩一ほか編 (2010 ~ 2011)『新編原典中国近代思想史』(第 5・6 巻) 岩波書店
潘光哲〔森川裕貫訳〕(2018)「台湾憲政文化のための歴史記憶の構築――『自由中国』を中心として」前掲『憲政から見た現代中国』
平野健一郎 (2000)『国際文化論』東京大学出版会
福田円 (2013)『中国外交と台湾――「一つの中国」原則の起源』慶應義塾大学出版会
松田康博 (2006)『台湾における一党独裁体制の成立』慶應義塾大学出版会
丸山昇 (2001)『文化大革命に到る道――思想政策と知識人群像』岩波書店
水羽信男 (2004)「昆明における抗戦とリベラリズム」石島紀之ほか編『重慶国民政府史の研究』東京大学出版会
――――――(2007)『中国近代のリベラリズム』東方書店
――――――(2014)「儲安平」趙景達ほか編『講座東アジアの知識人――さまざまな戦後』(第 5 巻) 有志舎
村田雄二郎編 (2010)『新編原典中国近代思想史』(第 3 巻) 岩波書店
吉川剛ほか (2012)「建国初期中国における「知」の再編――体験者に聞く政法院校の院系調整」『愛知大学国際問題研究所紀要』第 139 号
羅永生〔丸川哲史ほか訳〕(2015)『誰も知らない香港現代思想史』共和国

李鋭〔小島晋治編訳〕（2013）『中国民主改革派の主張——中国共産党私史』岩波書店

梁一模（2011）「清末における自由の条件——『原富』・『群己権界論』・『政治講義』を中心に」前掲『リベラリズムの中国』

林毓生〔丸山松幸ほか訳〕（1989）『中国の思想的危機』研文出版

林礼釗（2017）「儲安平の民主思想——『観察』時期と共和国初期の関係について」『史学研究』第 295 号

若林正丈（2008）『台湾の政治——中華民国台湾化の政治』東京大学出版会

【中国語】

陳学然（2014）『五四在香港——殖民情境、民族主義及本土意識』香港：中華書局

陳永忠（2009）『儲安平生平与思想研究——国共不容的知識分子』台北：秀威資訊科技股份有限公司

陳正茂（2008）「『第三勢力運動』史料述評——以『自由陣線』週刊為例」『中国青年党研究論集』台北：秀威資訊科技股份有限公司

─── （2009）「第三勢力圧巻刊物『聯合評論』週刊介紹——兼敍中国第三勢力運動簡史」『全国新書資訊月刊』2009 年 9 月号

高瑞泉（2010）「儒家社会主義還是儒家自由主義？——従徐復観看現代新儒家"平等"観念的不同向度」『学術』2010 年第 6 期

韓大元（2012）『中国憲法学説史研究』（上下）北京：中国人民大学

何勤華（2006）『中国法学史』（第 3 巻）北京：法律出版社

何卓恩（2004）『殷海光与近代中国自由主義』上海：上海三聯書店

─── （2008）『《自由中国》与台湾自由主義思潮——権威体制下的民主考験』台北：水牛出版社

───等編（2011）『大陸赴台知識分子研究——殷海光夏道平紀念会論文合集』北京：九州出版社

賀照田（2002）「次経典・問題史閲読与中国新思想伝統的形成——以『中国文化的展望』閲読問題為中心的討論」劉擎等編『自由主義与中国現代性的思考——「中国近現代思想的演変」研討会論文集』（下）香港：中文大学出版社

胡偉希（2000）「理性与烏托邦」許紀霖編『20 世紀中国思想史論』上海：東方出版中心

黄克武（1998）『自由的所以然——厳復対約翰弥爾自由思想的認識与批判』台北：允晨文化実業有限公司

昆明市委員会文史資料研究委員会編（1988）『昆明文史資料選輯』（第 12 輯）昆明市委員会文史資料研究委員会

黎漢基（2000）『殷海光思想研究——由五四到戦後台湾 1919-1969』台北：正中書局

李淑珍（2011）「自由主義、新儒家与 1950 年代台湾自由民主運動——従徐復観的視角出発」『思与言』第 49 巻第 2 期

林果顕（2005）『「中華文化復興運動推行委員会」之研究（1966-1975）——統治正統性的建立与転変』板橋：稲郷出版社

呂大楽（2012）『那似曾相識的 70 年代』香港：中華書局

羅銀勝編（1999）『顧準——民主与"終極目的"』北京：中国青年出版社

潘光哲（2008）「張君勱対社会主義体制的観察（1919-1922）」鄭大華等編『中国近代史上的自由主義』北京：社会科学文献出版社

任育徳（1999）『雷震与台湾民主憲政的発展』台北：国立政治大学歴史系

蘇瑞鏘（2011）「『民主評論』的新儒家与『自由中国』的自由主義者関係変化初探——以徐復観与殷海光為中心的討論」『思与言』第 49 巻第 1 期

孫宏雲（2005）『中国現代政治学的展開——清華政治学系的早期発展（1926-1937）』北京：三聯書店

汪涵清（1990）「抗日戦争時期中国共産党争取雲南地方実力派的統戦工作」『雲南農業大学学報』第 5 巻第 4 期

王海涛（2001）『雲南仏教史』昆明：雲南美術出版社

王中江（1997）『万よ不許一渓奔——殷海光伝』台北：水牛出版社

———（2000）「全盤西化与本位文化論戦」前掲『20 世紀中国思想史論』

翁賀凱（2010）『現代中国的自由民族主義』北京：法律出版社

肖耀輝等（2004）『雲南基督教』北京：宗教文化出版社

謝慧（2010）『西南聯大与抗戦時期的憲政運動』北京：社会科学文献出版社

謝暁東（2008）『現代新儒学与自由主義——徐復観殷海光政治哲学比較研究』台北：東方出版社

謝泳（2005）『儲安平与《観察》』北京：中国社会出版社

徐鋳成（1999）『徐鋳成回憶録』台北：台湾商務印書館

徐有威等（2008）「1930 年代自由主義知識分子的意大利法西斯主義観——以『東方雑誌』和『国聞周報』為中心的考察」前掲『中国近代史上的自由主義』

許紀霖（2000）「現代中国的社会民主主義思潮」前掲『20 世紀中国思想史論』

薛化元（1993）『民主憲政与民族主義的弁証発展——張君勱思想研究』板橋：稲郷出版社

———（1996）『「自由中国」与民主憲政——1950年代台湾思想史的一個考察』板橋：稲郷出版社
———（2002）「雷震的『国家統治機構』改革主張」『21世紀』総第69期
楊維真（2000）『従合作到決裂——龍雲与中央的関係1927-1949』新店：国士館
雲南省社会科学院宗教研究所（1999）『雲南宗教史』昆明：雲南人民出版社
章清（1996）『殷海光』台北：東大図書公司
———（2004）『"胡適派学人群"与現代中国自由主義』上海：上海古籍出版社
———（2006）『思想之旅——殷海光的生平与志業』鄭州：河南人民出版社
———（2014）『清季民国時期的"思想界"』（上下）北京：社会科学文献出版社
張斌峰等編（2000A）『西方現代自由与中国古典伝統』武漢：湖北人民出版社
———等編（2000B）『殷海光学術思想研究』瀋陽：遼寧大学出版社
張定華等（1999）『中国抗日戦争時期大後方出版史』重慶：重慶出版社
張忠棟（1989）「民主評論与自由中国（2種雑誌）」『歴史』第23期
趙立彬（2005）『民族立場与現代追求——20世紀20-40年代的全盤西化思潮』北京：三聯書店
趙永佳等編（2014）『胸懐祖国——香港「愛国左派」運動』香港：Oxford University Press
鄭大華（1997）『張君勱伝』北京：中華書局
———（1999）『張君勱学術思想評伝』北京：北京図書館出版社
———等（2008）「20世紀30年代初中国知識界的社会主義思潮」『近代史研究』第165期
中村元哉（2012）「直接保障主義与中華民国憲法——以張知本的憲法論為中心」『憲政与行政法治評論』第6期
周愛霊〔羅美嫻訳〕（2010）『花果飄零——冷戦時期殖民地的新亜書院』香港：商務印書館

【英語】

Freeden, Michael（2015）, *Liberalism: A Very Short Introduction,* New York: Oxford University Press.

Fung, Edmund S.K.（2000）, *In Search of Chinese Democracy: civil opposition in Nationalist China, 1929-1949*, Cambridge : Cambridge University Press.

Wong, Young-tsu（1993）, "The Fate of Liberalism in Revolutionary China", *Modern China*, Vol.19 No.4.

あとがき

　中国、香港、台湾のリベラリズムは、日本の多くの読者には、馴染のないフレーズであろう。そもそも現在の中国人研究者が中国で扱いにくいテーマなだけに、日本で知られていないのは、むしろ自然なことである。しかし、だからといって、日本の近現代中国理解が偏ったままでいいわけがない。そうした問題意識から、日本の学術界では、リベラリズムという視角から近現代中国を読み解くとどうなるのかが論じられるようになった。本書も、そのような流れに属するものである。

　もちろん、本書は、既存の研究成果の焼き直しではない。中国で公刊された関連史料集・資料集には含まれない、あるいは度々削除される史資料（儲安平「共産党と民主、自由」『客観』第4期、1945年12月など）を、さりげなく取り上げたつもりである。たとえば、第2章で扱った銭端升は、近現代中国では政治と学術に影響力をもった知識人であり、彼が書き残した数多くの文章を選集した資料集も公刊されている。しかし、理由はよく分からないが、なぜか第2章でとりあげた「自由を論ず」（『今日評論』第4巻第17期、1940年10月）は、含まれていない。また、第7章で分析した国民党の香港政策に関する史料は、日本では初めて利用されるのではないかと思われる。

　こうした学術面での工夫に加えて、本書は、民国期のリベラリズムが20世紀後半に中国と香港と台湾でどのように連鎖していたのかを扱った。中国におけるリベラリズムという視角からも、なぜ中国、香港、台湾という「両岸三地」もしくはマカオを含めた「両岸

四地」という切り口が大切なのかについて、日本の読者の方々にも十分に伝えられたと思う。

　私が、以上のような内容を一冊にまとめられないかと考え始めたのは、海外研修先の香港で雨傘運動をタイムリーに観察した頃からだった。現状だけを表層的にみれば、「民主か独裁か」の対立と理解できなくはないが、それだけでは到底理解できない「時間」の重みと「空間」の広がりが何か背後にあるのではないか、と日に日に感じるようになった。そうした違和感を初歩的に整理したのが、「時評――香港『雨傘運動』の歴史的射程」（『歴史学研究』第930号、2015年）だった。そして、この拙文がたまたま有志舎の永滝稔さんの目に留まったようで、香港からの研修を終えて間もなく、本書執筆の依頼をうけた。私にとっては、時宜に叶ったものだっただけに、あまり迷うことなく、引き受けることにした。

　しかし、本書の内容と構成は、冒頭でも述べたように、学術書としてもあまり前例のないものにならざるを得なかっただけに、日本におけるこの分野の開拓者である水羽信男先生に草稿の確認をお願いし、恩師の村田雄二郎先生からも「おわりに」について的確なコメントをいただいたが――むろん本書の責任はすべて筆者の私が負うべきものである――、やはり一般書として分かりやすく記述することは、私にとっては難しかった。結果的に、本書は学術書としてのオリジナリティーも示さなければならず、とくに、一次史料の引用については（　）に残さざるを得なかった。一般書は、最大限に（　）を省き、可能な限り固有名詞を削除しなければならないと心得てはいるものの、本書については、学術書を限りなく一般化した、ということで読者の皆さまにはご理解を乞う次第である。

　私自身の専らの関心は、拙著『対立と共存の日中関係史　共和国

としての中国』(講談社、2017年)で示したように、近現代中国の憲政史を学際的方法で整理することにある。しかし、一般論からして、憲政とリベラリズムは親和性を持つ以上、私にとっては、本書が生み出されることは半ば必然だった。本書は、いつかまとめることになるはずの中国憲政史の姉妹編のようなものになるのかもしれない。

　最後に、本書のようなアイデアを思いついたのは、職場の津田塾大学が2014年度に海外研修の機会を与えて下さったからである。本書は、津田塾大学の教員だったからこそ生み出されたものである。まずもって、教職員の皆さまには、深くお礼を申し上げておきたい。さらに、そのようなアイデアを出版という形で実現できたのは、有志舎の永滝稔さんの御英断のお蔭である。私のような独立独歩の研究者に声をかけて下さることは、相当なリスクをともなうはずである。だからこそ、私は、自分自身がやるべきことを最大限に取り組むという極めて当たり前のことに徹することで、要望されているレベルに少しでも近づけるように努力するだけだった。もしそのご要望に少しでも近づけているのであれば、それは、有意義なご助言を下さった出版人としての永滝さんの御尽力によるものである。心より感謝申し上げたい。

　　　2018年4月1日

　　　　　　　　　　　　　　日中の相互理解が深まることを願いつつ

　　　　　　　　　　　　　　　　　　中　村　元　哉

人名索引

※太字は、章のタイトル等で明示された主要な人名を指す。そのページ数は、「はじめに」のすべての該当箇所と重点的に取りあげた章の初出箇所のみを記した。

ア 行

殷海光 21, 22, 28, 29, 31, 120
印光（大師） 157
ヴィシンスキー 192
ウェーバー（マックス） 214
浮田和民 76
梅謙次郎 95
袁世凱 73, 76, 223, 228, 230, 234
オイケン（ルドルフ） 77
王希哲（李一哲） 52, 206
汪精衛 97, 147, 171
王世杰 21, 46, 54, 89, 164, 167
王寵恵 89
王鉄崖 192
岡田朝太郎 95
オッペンハイム 192

カ 行

郭沫若 149
何香凝 24, 143, 236
韓徳培 53, 62, 63, 72, 196, 212
魏京生 52, 207
虚雲（大師） 157〜159
許紀霖 41, 220
ケインズ 51
ケルゼン 31, 61〜63, 192, 194
厳復 11, 12
黄毓成 160
弘一（大師） 157
黄宇人 187
江映枢 26, 159, 160, 225, 226
江勃森 27, 159, 160
胡越→司馬長風をみよ
呉恩裕 53, 72, 212
呉経熊 98, 100, 102, 103
呉国楨 21, 165, 167
胡秋原 109, 123, 135

顧準 21, 28, 29, 196
胡縄 151
胡適 12, 13, 18, 20〜22, 35, 40, 46, 79, 80, 122〜124, 133, 161〜163, 204, 211, 212, 215
胡平 206, 207, 211〜213, 215, 216
顧孟余 171
胡愈之 149
コロービン 192

サ 行

左舜生 24, 28, 29, 171, 172, 174〜176, 235
シーリー 11
史誠之 187
司馬長風（胡越） 172, 187
謝澄平 171〜173, 187
周恩来 142, 147, 171, 225〜227, 234
周鯨生 195
朱徳 26, 147, 158, 160
シュンペーター（ヨーゼフ） 198
蔣介石 21, 23, 25〜27
蔣経国 143, 167
蕭公権 46
章伯鈞 51
徐復観 23, 91, 123, 133, 177〜182
スターリン 48, 111, 189, 201, 218
スミス（アダム） 11
成舎我 174
銭端升 20, 28〜30, 54
銭穆 91, 92, 171, 178, 179, 182, 213
宋慶齢 24, 143, 236
孫科 86, 98, 152
孫文 24, 27
孫宝剛 178, 187

タ 行

太虚（大師） 157, 158
儲安平 12, 13, 18, 20, 28, 29, 34

張君勱 19, 23, 28〜30, 73
張知本 19, 28, 29, 31
張東蓀 77, 125, 126
張発奎 171, 186, 187
張聞天 199, 226
張葆恩 172
陳建中 185, 186〜188
陳之邁 46
陳序経 124〜126, 134, 136
陳振漢 51
陳博生 167
陳伯達 199, 227
程思遠 24, 141〜143, 171
鄭慎山 14, 15
程滄波 167
童冠賢 171
陶希聖 124, 185, 186
唐君毅 178, 179, 221
鄧小平 52, 229
董必武 190, 225, 234
トクヴィル 10

ナ 行

中村進午 95
任卓宣→葉青をみよ

ハ 行

ハイエク 51, 109, 131, 132, 135, 138, 214
樊弘 125, 126
費孝通 53, 125〜128, 153
ヒトラー 102, 105, 109
傅斯年 46
聞一多 146, 153
牟宗三 91, 93, 131, 178, 179, 221
ポパー（カール） 138

マ 行

マルクス 10
美濃部達吉 103
ミル（J.S.） 10, 11, 76
ムッソリーニ 103

毛沢東 46, 52, 69, 80, 146, 159, 173, 175, 190, 193, 199, 216, 218, 226〜228, 234

ヤ 行

熊十力 178
葉剣英 26, 144, 158
葉青（任卓宣） 103, 124, 130
楊兆龍 190, 191
余英時 213, 214, 221
横田喜三郎 61

ラ 行

雷海宗 151, 225
雷震 28, 29, 46, 88, 89, 131, 135, 161〜164, 167〜169, 174, 184〜186, 215
ラスキ（ハロルド） 34, 79
羅夢冊 171
羅隆基 30, 41, 49, 51, 74, 81, 153, 235
李怡 205
李一哲→王希哲をみよ
李鋭 216, 217, 218, 222
李璜 171, 187, 235
李敖 123, 135
李公樸 146, 153
李宗仁 25〜27, 140〜143, 149, 159, 170, 225
龍雲 25, 26, 144〜147, 226
劉燕谷 62
劉暁波 222
劉少奇 190, 193, 199, 234
梁啓超 74, 77
梁実秋 46
廖承志 24, 236
梁漱溟 23, 126
林毓生 214
ルソー（ジャン・ジャック） 82
黎蒙 26, 27, 141〜143, 225, 226
楼邦彦 46, 70, 224
盧漢 154
ロック（ジョン） 82

索 引 249

【著者略歴】
中村元哉（なかむら　もとや）
1973年、名古屋に生まれる。1997年、東京大学文学部卒業。2003年、東京大学大学院総合文化研究科博士課程修了（博士（学術））。
日本学術振興会特別研究員（PD）、南山大学外国語学部アジア学科准教授などを経て、現在、津田塾大学学芸学部国際関係学科教授。
専門は、中国近現代史、東アジア国際関係論。
〔主要業績〕
単著『戦後中国の憲政実施と言論の自由1945-49』（東京大学出版会、2004年）
共編『現代中国の起源を探る――史料ハンドブック』（東方書店、2016年）
単著『対立と共存の日中関係史　共和国としての中国』（講談社、2017年）

中国、香港、台湾におけるリベラリズムの系譜

2018年5月30日　第1刷発行

著　者　中　村　元　哉
発行者　永　滝　　稔
発行所　有限会社　有　志　舎
　　　　〒166-0003　東京都杉並区高円寺南4-19-2
　　　　　　　　　　クラブハウスビル1階
　　　　電話　03（5929）7350　　FAX　03（5929）7352
　　　　http://yushisha.sakura.ne.jp
　　　　振替口座　00110-2-666491
ＤＴＰ　言　海　書　房
装　幀　奥　定　泰　之
印　刷　モリモト印刷株式会社
製　本　モリモト印刷株式会社

©Motoya Nakamura 2018. Printed in Japan
ISBN978-4-908672-22-4